D1397390

HOUSES
of the World

HOUSES
of the World

atrium
international

c i t y   a n d   b e a c h   h o u s e s

Author

Francisco Asensio Cerver

Publishing Director

Paco Asensio

Project Director

Anna Surroca

Proofreading

Tobias Willet and Jose Serra

Covers design

Albert Pujol

©

FRANCISCO ASENSIO CERVER

Registered Office

Ganduxer 115, 08022 Barcelona
Tel. (93) 418 49 10
Fax. (93) 211 81 39

ISBN 84-8185-043-8

Dep. Leg. B-22592-96

Printed in Spain

HOUSES
of the World

atrium
international

c i t y   a n d   b e a c h   h o u s e s

City Houses
Introduction

After the industrial revolution cities developed one after another and eventually reached the figure of one million inhabitants. In 1960, the populations of more than 112 cities had overtaken this figure; in 1970 around 130 cities were found to have populations of more than one million, and of these more than 33 were in the United States. The origins of these urban nuclei appear to be linked to the agrarian revolution. In the Near East, a study of ruined houses from the Stone Age shows that many such houses had no walls, but rather had been built on an open plan; this era also bears witness to the first permanent dwellings. Perhaps the most obvious reason for permanent structures was that it became increasingly cleare that, in the case of a tribe, a permanent agricultural system presented an easier way of life than the model of nomadic existence. Other reasons for building this type of colony were the need for a place to carry out rituals in memory of the dead, as shrines, to create ceremonial places for the practice of things religious and magical, for social activities and, as a very minor concern, to defend the population. In contrast, within the previous model, the essential activities of which were restricted to going hunting and meeting up again afterwards, almost all the energy of the ethnic groups was directed towards survival. Of course they could occasionally have surplus provisions, but preservation and transportation of these surpluses represented additional effort. So, it can be argued that the accumulation of human energy freed by the agrarian revolution was the creative force behind cities, which in turn created a special attitude of holy respect towards property rights and could even have been instrumental in creating the violent concept of war.

Most of the large urban nuclei worldwide before the XVIII century were imperial capitals. Since it was impossible to establish rapid communication, the reins of government had to converge in the capital, whilst a large part of the army would install itself close by; likewise, much of the empire´s business dealings would be carried out near these urban centres.

However, it was not until after the industrial revolution and the growth of a manufacturing system that pressure, brought on by the conglomeration itself, began to make itself felt. Thousands of people were needed to work in the large, recently developed manufacturing centres and, likewise, many independent suppliers decided to establish themselves in the cities, which meant that these cities were enlarged as a result. They frequently grew outwards from what had originally been centres of the empire, although there were others which developed as industrial nuclei in their own right. Many of these were ugly and dirty.

Very soon, due to the swiftness of transport by means of modern motorised vehicles and also to the substantial costs incurred by firms based in cities, this type of city was no longer necessary as an industrial centre. Nowadays it is very rare to construct a new factory within the municipal boundary of a city. In fact, very often a corporation will ask the authorities of the closest urban centre not to build within this municipal boundary. Not only must a new firm avoid paying higher taxes within the city, but neither can if afford the high costs of land in the city centre. For this reason it is not feasible at present, on a strictly economic basis, to replace slums with brand new factories.

The mechanisms of urban growth can be studied by means of the theory of the central town, which relates size and spacing of regional commercial centres. On the lowest classificatory level of hierarchical structure are those towns which supply goods for daily use to the isolated regions located around large urban centres. The radius of these cities depends on the prevailing means of transport. In this way, towns die out as the areas which surround centres of this type expand and overlap with districts which previously belonged to the nearby towns. The second level of centrally placed towns is more broadly spaced and backed up by the supply of retail channels for large purchases and also by local government. Large towns, even more broadly spaced out, take in wholesale trade, warehouse storage, railway junctions, state capitals, etc..

The functions of a city are directly related to its size. Rural villages exist because families who work the land nearby benefit from doing so. However, in densely populated areas – for example, ports and the intersecions of commercial road networks – more specialised functions are necessary. In a large city of one million inhabitants or over, more effort must be made than in a regional commercial centre.

The most recent function of a city is without doubt its use as a centre of commerce and communication. The necessary factors defining the efficient nature of a related area are not entirely clear, since this new function of the city has only become prominent during the last few decades.

The single-family dwellings included in this volume show clearly the paradox that, at a time when the classical large cities are beginning to shows signs of mutilation due to the same techniques whcih contributed to their development, the world is becoming increasingly built-up, a world attracted by the facilities which the way of life in large cities still offers to human beings.

Casas en la ciudad

Introducción

El origen de los núcleos urbanos aparece íntimamente ligado a la revolución agrícola. En el Cercano Oriente, un estudio de las ruinas de villas procedentes de la edad de piedra indica que muchas de ellas no tenían muros, sino que presentaban una estructura abierta; también en esta era se pueden encontrar las primeras habitaciones fijas. Quizá la razón más obvia que condujo a un establecimiento sedentario fue que, gradualmente, se hacía más y más claro que, para una tribu, la vida agrícola permanente era más fácil que el modelo de existencia nómada. Otros propósitos que llevaron a este tipo de colonia fueron la necesidad de tener lugares donde realizar ritos dedicados a los muertos, a modo de santuarios, el crear centros ceremoniales para prácticas religiosas y mágicas, así como para las diversiones sociales y, sólo en tercer lugar, el defender la seguridad del pueblo. En contraste, en el anterior modelo de vida, en el que las actividades esenciales se limitaban a ir de caza y volverse a reunir, casi toda la energía de los grupos étnicos se dedicaba a sobrevivir. Por supuesto, podían disponer de excedentes ocasionalmente, pero preservarlos y transportarlos suponía también un esfuerzo adicional. Así pues, se puede argumentar que la acumulación de energía humana liberada por la revolución agrícola provocó el surgimiento de las ciudades, lo cual originó a su vez una actitud de santidad especial hacia los derechos de propiedad, y aun la invención de la guerra agresiva.

La mayoría de los núcleos urbanos importantes de todo el mundo antes del s XVIII eran centros imperiales. Debido a que era imposible establecer una comunicación rápida, se tenían que unificar en la capital las riendas del gobierno, mientras que en un lugar cercano se establecía una gran parte del ejército; además, muchos de los negocios del imperio se realizaban también cerca de estos núcleos.

Sin embargo, no fue hasta después de la revolución industrial y del crecimiento del sistema de las fábricas que se empezaron a sentir presiones provocadas por la aglomeración. Se necesitaban miles de empleados en las grandes construcciones fabriles recién desarrolladas, y además, muchos abastecedores independientes decidieron establecerse en las ciudades, lo cual provocó la extensión de las mismas. Frecuentemente crecían partiendo de lo que originalmente eran centros de imperio, aunque existieron otras que se originaron ya como núcleos industriales, muchos de ellos sucios y de aspecto desagradable.

Muy pronto, debido a la rapidez del transporte por medio de los modernos vehículos con motor y a la elevación de los costos para las empresas urbanas, este tipo de urbes dejaron de ser necesarias como centros industriales. Hoy en día raramente se construye una nueva fábrica dentro de los límites de una ciudad. De hecho, es muy frecuente que una corporación pida al gobierno del núcleo urbano más cercano que no las construyan dentro de los límites de su localidad. Una nueva empresa no sólo debe evitar pagar los altos impuestos de la urbe, sino que tampoco puede afrontar el alto costo del terreno urbano. Ésta es la razón por la que no es factible en la actualidad, y sobre una base puramente económica, la propuesta de reemplazar los barrios bajos con fábricas modernas. Los mecanismos del crecimiento urbano pueden ser estudiados a partir de la teoría del lugar central, que relaciona el tamaño y el espaciamiento de los centros comerciales regionales. En el nivel de clasificación más bajo de su arreglo jerárquico se hallan aquellas poblaciones que proporcionan bienes de uso diario a las regiones apartadas de grandes núcleos urbanos, que se distribuyen a su alrededor. El radio de estas urbes depende del medio de transporte prevalente. Así, las poblaciones van muriendo conforme las regiones circundantes de un centro de este tipo se expanden y se traslapan con las localidades formalmente exclusivas de las poblaciones cercanas. El segundo nivel de las ciudades centrales está más ampliamente espaciado y está apoyado por el suministro de canales al menudeo para compras importantes y por el gobierno municipal. Las grandes estructuras, todavía más ampliamente espaciadas, reúnen ventas mayores, almacenamientos, uniones de vías férreas, capitales estatales, etc.

Las funciones de una urbe están directamente relacionadas con su tamaño. Las villas agrícolas existen porque las familias que cultivan los campos cercanos a ella se benefician. Sin embargo, en lugares densamente poblados, como puertos e intersecciones de carreteras comerciales, se necesitan funciones más especializadas.

La más reciente función de la ciudad es, sin duda, la de servir como centro de comercio y comunicación. Los elementos necesarios para que dicho centro sea una zona de relación eficaz no están enteramente claros, ya que esta nueva finalidad de la urbe ha llegado a ser dominante solamente en las últimas décadas.

Las casas unifamiliares que se incluyen en este volumen son una clara muestra de que, paradójicamente, en un tiempo en que las grandes urbes clásicas europeas están empezando a ser mutiladas por la misma técnica que anteriormente fuera causa de su desarrollo, el mundo se está urbanizando cada vez más, atraído por las facilidades que la forma de vida de las grandes ciudades ofrece aún a los seres humanos.

Beach Houses
Introduction

Setting up house beside the sea involves a whole range of factors which make it possible to be located in the city while enjoying exceptional conditions of landscape and climate. The very fact that a house is situated near a large mass of water, as is the case with all the single-family structures presented in this volume, can have considerable influence due to the characteristics of the climate of seas and oceans, which may experience extreme temperatures, since their thermal inertia is greater than that of air masses and they can therefore moderate extremely hot air and extremely cold air. Land located leeward of an area by the sea will therefore be warmer in winter and cooler in summer. This phenomenon may be observed from day to day and with the changing of the seasons.

The inhabitants of warm climates live around their houses rather than inside them, since they spend a considerable amount of time outside in the fresh air and only seek the protection of their home when they feel the need for privacy, or when they are forced inside by bad weather conditions. In hot, humid climates such as are found in coastal areas, people spend even more time outside the house if possible than people in arid areas, because they can enjoy the pleasant breeze.

The architectural features of houses in regions with a hot, dry climate or a cold climate differ radically from coastal areas which are warmer and more humid. Even though each case must be considered separately and independently, according to the social and geographical features which may vary from place to place, there is a series of basic characteristics and general features which are clearly illustrated in the houses presented within this volume.

A closer analysis of all these features is of the essence, since they are the most representative features of the coastal constructions dealt with in this volume; this is borne out by the repetition of features from dwelling to dwelling, and the obvious function of each feature.

Eaves or projections are immobile constructional features on the upper sections of the facades on many of these buildings. They project horizontally to protect the walls, and especially the doors and windows, from sun and rain. They are usually opaque and their size, which is basically the distance they jut out from the wall, depends on the sun´s angle of incidence. The most appropriate size is that which allows heat to enter the house in winter and keeps it out of the house during the summer months. A system of eaves on the southern elevation should be the most effective.

Screens are opaque, rigid and usually immobile elements, fixed to the facades of a house to provide shade for a specific glazed area when the sun is in a given position. Blinds are movable, practical objects made of slats which, fitted on door and window openings, prevent direct sunlight from entering the house, while facilitating ventilation and a certain amount of brightness and views of the exterior. As they are adjustable, they can be adapted to protect the dwelling from sunlight or to draw in sunlight, depending on circumstances. The slats can be horizontal or vertical.

Canopies or curtains are also adjustable and flexible features. They can be vertical or set at an angle, providing shade for parts of the elevation of a building or a whole aperture.

Coloured and/or reflecting glass can be used in doors and windows, where it plays a protective role, allowing in a degree of sunlight and providing a view of the exterior while closing off the interior to ventilation. They can be fairly effective in situations where the latter detail is unimportant and sunlight not excessive.

Galleries are covered spaces adjoining a building which can be open to the exterior or closed off by a glass partition. Their basic function is that of a habitable space which allows in diffuse sunlight, creating less contrast with the interior.

Porches are another architectural feature typical of seaside dwellings. They are covered areas, adjoining the house on the ground floor, open to the exterior. They are also interjacent habitable spaces which brighten the internal areas connected to them and guide light into the dwelling in much the same way as galleries, protecting the interior from direct sunlight and rain.

Patios are also often used in these structures;: these are spaces surrounded by one or more walls, open to the sky above.

This analysis of the architectural characteristics of coastal areas where, in most cases, the climate is warm and humid, shows clearly that there is a series of features used all over the world for very specific habitats. Each and every one of the single-family dwellings described in this volume is a totally aesthetic example of the extent to which the environment affects human development, and how climate and the specific setting itself can determine the design and construction of the various dwellings planned by and for the individual. On this occasion the effects of the sun, protection against adverse atmospheric phenomena and the beauty of nature were mainly responsible for the architectural design.

Casas en el mar

Introducción

El asentamiento cerca del mar implica la coexistencia de toda una serie de factores que hacen posible la aparición de zonas o núcleos urbanos con unas condiciones paisajísticas y climatológicas excepcionales. La mera proximidad a masas de agua de gran magnitud, como es el caso de todas las viviendas unifamiliares presentadas en este volumen, tiene una gran incidencia sobre el clima de mares y océanos, ya que éstos son capaces de moderar variaciones de temperaturas extremas, dado que su inercia térmica es mayor que la de las masas de aire, y por tanto son capaces de templar tanto el aire muy caliente como el muy frío; la tierra situada a sotavento de un hábitat marítimo estará más cálida en invierno y más fresca en verano. Este hecho se verifica tanto en el proceso diurno como en las variaciones estacionales.

Los habitantes de climas cálidos viven alrededor de sus casas más que dentro de ellas, ya que pasan una gran parte de su tiempo al aire libre y buscan la protección del hogar solamente cuando sienten la necesidad de intimidad o cuando se ven forzados por las malas condiciones atmosféricas. En los climas calientes y además húmedos, tan típicos de las localidades costeras, los individuos pasan fuera de sus viviendas una parte de su vida todavía mayor, si cabe, que los de las regiones áridas, porque las primeras disfrutan de la agradable brisa.

La arquitectura característica de los lugares de clima seco y caliente o bien de otros fríos, muestra claras diferencias con respecto a la emplazamientos más húmedos y cálidos junto al mar. Aunque cada caso, a causa de la variedad geográfica y social que normalmente caracteriza la costa, debe ser considerado desde una perspectiva independiente y particular, existen una serie de rasgos y elementos generales que quedan ampliamente ejemplificados en los distintos proyectos aquí presentados.

Cabe analizar algunos de estos elementos, ya que son los más representativos entre las viviendas costeras que se encuentran recopiladas aquí; el gran número de veces que se repiten y la clara función que desempeñan así lo demuestran.

Los aleros o voladizos son elementos construidos fijos, situados en la parte alta de las fachadas de muchos de estos edificios: se proyectan en horizontal, protegiendo los muros y, especialmente, las aberturas de la radiación solar y de la lluvia. Por lo general son opacos y sus dimensiones, fundamentalmente su extensión hacia fuera, dependen del ángulo de incidencia del sol. El más adecuado es el que permite el aporte de radiación en invierno, evitando la del verano.

Las pantallas son elementos opacos, rígidos y normalmente fijos, emplazados en las fachadas, de forma que sombrean una superficie específica vidriada en determinadas superficie del sol. Pueden estar orientadas hacia cualquier dirección que tenga incidencia.

Las persianas, por su parte, son aquellos instrumentos móviles y practicables formados por lamas y que, colocados delante de una abertura, consiguen detener completamente la radiación directa, permitiendo la ventilación, cierta iluminación y vistas exteriores. Al ser regulables, se adaptan a las condiciones de protección o de abertura deseadas en cada momento. También los toldos o cortinas exteriores son elementos móviles y flexibles, verticales o inclinados, que sombrean una parte de la fachada de un edificio o una abertura en concreto.

Los vidrios de color y/o reflectantes son elementos de cerramiento de la aberturas que también cumplen una función de defensa,permitiendo la entrada de una parte de luz y la vista hacia el exterior sin dejar paso a la ventilación. Pueden ser adecuados en aquellas situaciones en las que esta última no es importante y la radiación solar no muy excesiva.

Las galerías, por su parte, son espacios cubiertos adosados a una vivienda que pueden estar abiertos hacia el exterior o separados por un cerramiento acristalado.

Los porches son otro de los recursos arquitectónicos más apreciados en las construcciones junto al mar. Son aquellos sectores cubiertos agregados a un edificio de planta baja y abiertos al exterior. Constituyen espacios ocupables intermedios, que iluminan las zonas interiores con las que se comunican. Es también habitual el uso de patios: espacios rodeados por muros de cerramiento de uno o varios volúmenes y abiertos al exterior por la parte superior.

Este análisis de las características de la arquitectura propia de las regiones costeras donde las condiciones atmosféricas, en la mayor parte de los casos, son calurosas y húmedas, supone una clara muestra de que existen rasgos y elementos que se utilizan universalmente de acuerdo con un hábitat muy concreto. Todas y cada una de las viviendas unifamiliares recogidas en este volumen ejemplifican con tal pulcritud hasta qué punto el medio influye en el desarrollo humano y cómo el clima y el entorno físico concreto pueden determinar el diseño y construcción de los distintos habitáculos ideados por y para el individuo. En esta ocasión, la incidencia solar y la protección contra los fenómenos atmosféricos adversos, así como la belleza de la naturaleza, han sido los principales responsables de la configuración de la arquitectura.

City Houses

Casas en la Ciudad

1 Two Single-Family Houses

By David Wild

Seen from their south facades, the two buildings are austere white blocks, with large windows onto the street. The northern elevations at the rear of the houses open up to the outside by means of balconies, doors and windows. Viewed from the street, the building on the left belongs to the architect and carries out the double function of residence and studio.

Only five or six metres separate the two houses but Wild has further linked them with a small grey annex. This single-storey volume articulates the two buildings and maintains visual unity. The second house, more symmetrical and in direct communication with its garden, contrasts sharply with the tightly interconnected spaces next door.

On the south facade the frontal composition of the house on the right is an attempt to balance the asymmetrical nature of the neighbouring building. The small grey unit leads to an uncluttered interior of open spaces, as does the bay window which takes

·The two residences express the permanent commitment of the architect to European rationalism.

Las dos residencias expresan el compromiso permanente del arquitecto con el racionalismo europeo.

David Wild planned and built his own home/studio in a residential district in London. The project was completed in 1984 and five years later he was entrusted with a private commission for a detached house, including features very similar to his own home. He decided to design a paired composition, siting the private residence next door.

Una zona residencial de la ciudad de Londres fue escogida por el arquitecto David Wild para emplazar su domicilio. La casa, que fue diseñada y proyectada por él mismo, se terminó de construir en 1984. Unos cinco años más tarde un particular le encargó la proyección de una vivienda de características similares. A Wild se le ocurrió componer un conjunto pareado, ubicando la segunda residencia junto a la suya.

up the upper half of the facade and provides a view of the entire street. The architect´s house also has a large recess but with several differences. The window is smaller and is set into the wall, forming a small rectangular balcony, whose arris is a cylindrical column which becomes a support for the building at this end. Since all features of the structure on the left are repeated on the right and vice versa, the latter also has a column in the centre of the facade which forms part of the mass of the house, dividing it into two identical halves. There is a column in the centre of the house and one on the north facade, forming the symmetrical axis.

The houses have several structural differences: that of the architect at 44 Rochester Place has three floors, while the house next door has only two. The residential qualities of both satisfy similar needs, the only difference being the spacious, well-lit studio in David Wild´s house. Despite the external similarity of the two houses, Wild included several fundamental variations. One of these differences is the roof terrace of the architect´s residence, one of Le Corbusier´s most significant motifs. Wild adopted this element for his own house, but replaced it in Number 42 by a steel pyramidal roof.

Vistos desde su fachada sur, estos dos edificios son austeros bloques blancos, con amplias ventanas hacia la calle. Los alzados septentrionales, en la parte posterior de las viviendas, se abren al exterior mediante balcones, puertas y ventanas. Vistos desde la calle, el edificio de la izquierda pertenece al arquitecto y cumple la doble función de residencia y estudio.

Estas dos casas están separadas únicamente por unos cinco o seis metros; no obstante, existe una conexión entre ellas producida por un pequeño espacio anexo de color grisáceo, de una sola planta, que articula los dos edificios y mantiene la unificación visual. La segunda residencia, más simétrica y en contacto directo con el jardín, aparece en claro contraste con los espacios ajustados y entrelazados de su adyacente.

En el alzado sur, la composición frontal de la casa derecha pretende equilibrar la asimetría de la edificación colindante. No sólo el cuerpo gris que se ha rebajado predice un interior descargado, de espacios abiertos; también lo corrobora el gran ventanal que ocupa la mitad superior de la fachada y que domina toda la vista de la calle frontal, que termina justo frente a los contenedores. Asimismo, la vivienda del arquitecto, tiene una gran abertura pero con algunas diferencias : el ventanal de más reducidas dimensiones penetra en el interior for-

mando un balcón de corte rectangular; una columna cilíndrica se convierte en un pie que sostiene el edificio por este extremo. Como todo elemento de la construcción izquierda tiene su réplica en el de la derecha y viceversa, en esta última se erige también una columna justo en el centro del alzado, que forma parte del cuerpo del contenedor dividiéndolo en dos partes de idénticas proporciones y que se mimetiza en el centro de la vivienda y en el alzado norte al formar los tres pilares un eje simétrico.

Estructuralmente, ambas viviendas tienen algunas diferencias: la del arquitecto, el número 44 de la Rochester Place, se distribuye en tres plantas, mientras que su adyacente se divide únicamente en dos; ambas responden a un programa de necesidades similar, con la diferencia de que David Wild dispuso en la suya un amplio y luminoso estudio donde desarrolla sus actividades profesionales.

A pesar de la similitud que exteriormente caracteriza a ambas construcciones, David Wild concibió algunas diferencias esenciales. Éste es el caso de la azotea de la vivienda del arquitecto, uno de los más significativos motivos de Le Corbusier que Wild ha aplicado en su propia casa, que desaparece en el número 42 para erigirse en una cubierta piramidal de estructura de acero.

2 Single-Family Dwelling in Highgate
By John Jenkins and John Moore

This house by John Jenkins and John Moore is an excellent example of a quest for modernist elements and techniques, typical of the work of these two architects. The building is located in Highgate, a district of North London.

Esta vivienda, diseñada por John Jenkins y John Moore, es un buen ejemplo de la búsqueda de elementos y técnicas modernistas que tanto caracteriza a estos arquitectos. El edificio se halla ubicado en el barrio de Highgate, en la parte norte de Londres.

The house was erected on a rectangular ground plan and follows the traditional layout of rooms: the kitchen and dining room on the ground floor, the living room is above and the bedrooms are on the top floor. There is an interior and an exterior staircase joining the two areas. The ground floor entrance opens onto the hall and landing. This leads to the dining room at the front, which leads directly to the kitchen at the back, and beyond there is a spiral staircase leading into the garden.

Outside there are three distinct gardens: one in the front, visible from the street on the other side of the railings, a side lawn and shrubbery, and finally, at the back, a southfacing terraced garden that is totally private and enclosed and is a continuation of the family living room.

The house as a whole clearly reflects the philosophy and approach of the architects' current design trends.

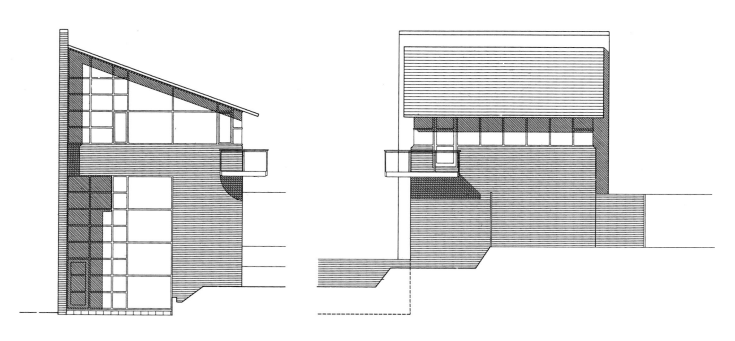

The building was constructed using three simple elements. The reinforced wall sections and the ceilings on either side enclose an open cube-shaped volume, hence the intersection of internal volumes is reflected on the outside by long painted panels. The cube is the most rudimentary of the three main elements; two of its three visible sides have large openings which, together with the existing spaces between the solid elements of the structure, are glassed-in. The purity of the design concept has been distributed by the fact that windows are not permitted on side elevations.

Esta edificación ha sido construida esencialmente con tres elementos simples. Los planos reforzados de las paredes y techos laterales encierran una caja perforada y la interacción de volúmenes internos se refleja en largas pantallas exteriores pintadas. El cubo es el más rudimentario de los tres elementos principales: dos de sus tres lados visibles contienen grandes aberturas que, conjuntamente con los huecos existentes entre los elementos sólidos de esta composición, se cubren con láminas de cristal. La pureza del concepto se ve comprometida por el hecho de que no se permiten ventanas en las elevaciones laterales.

Esta casa, que se levanta sobre una planta rectangular, sigue la tradición londinense en la distribución de las diferentes estancias, ya que presenta la cocina y el comedor en el nivel de acceso, la sala de estar en el primer piso y los dormitorios en el segundo. Dos escaleras, una interior y otra exterior, relacionan ambos espacios.

Ya en el exterior, tres áreas ajardinadas distintas rodean la vivienda: la que aparece primero es un patio público al que se accede atravesando una verja. Existe también un jardín lateral con césped y arbustos y, finalmente, en la zona posterior de la construcción, una terraza orientada hacia el sur y el resto de espacio exterior, que ofrece una zona totalmente privada e íntima a continuación del estar familiar.

La casa, en su forma completa, refleja claramente la filosofía que los arquitectos John Jenkins y John Moore siguen actualmente en el diseño de sus obras.

Inside, the glass and Venetian blinds are a powerful visual element which gives both horizontal and vertical continuity to the various spaces. The finishes have been kept simple, in line with the project specifications. Walls are painted white with the occasional detail in wood, the flooring is parquet, including the stairs, to give the impression of continuity, whereas the doors, balustrades and bannisters are in stainless steel.

En el interior, los paneles vidriados con persianas venecianas constituyen un elemento visual poderoso que da continuidad vertical y horizontal a los distintos espacios. Los acabados siguen la línea de sencillez que caracteriza la obra: paredes pintadas de blanco, con detalles de madera; los suelos cubiertos con parquet al igual que las escaleras, creando una ilusión de continuidad; y las puertas, balaustradas y barandillas, en acero inoxidable.

3 A House in Rome
By Massimiliano Fuksas

The house is constructed on an irregular ground plan and is divided into two distinct volumes: the main building and a separate spiral construction. The various different rooms housed in the latter (living rooms and a dining room) are laid out on an open plan, unobstructed by partitions or dividing walls. The three floors of this building are linked by a spiral staircase. The entire basement floor is a large circular games and recreation room. The ground floor contains the kitchen, living room and dining room, while the top floor houses the master bedroom and an enormous studio leading directly onto a conical-shaped terrace.

The main building has three storeys: the garage and amenities located in the basement; two bedrooms with en suite *bathrooms on the ground floor and two additional bedrooms with bathrooms on the top floor, both leading onto terraces.*

Fuksas conceived this architectural work as an organism arising from the combination of two different elements, both in terms of the geometrical structure and the spatial distribution. He opted, therefore, for two volumes

Thanks to the glass walls and the roof terrace, the house commands magnificent views over the surrounding countryside.

Gracias a los cuerpos de cristal y a la terraza superior, la casa goza de unas magníficas vistas exteriores.

The house is located in the municipal district of Civita Castellana, not far from

Esta vivienda se encuentra emplazada en el municipio de Civita Castellana, muy cerca de la ciudad de Roma.

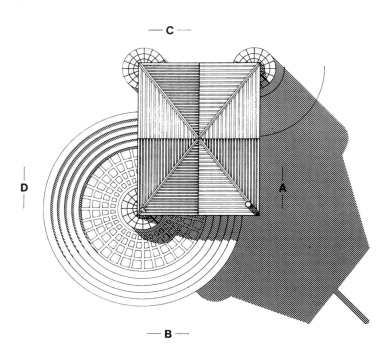

The house is constructed on an irregular ground plan and is divided into two distinct volumes: the main building and a separate spiral construction.

La casa se levanta sobre una planta irregular y se divide en dos volúmenes diferenciados: una nave principal y un cuerpo en espiral.

which counteract each other. One is a spiral in which a cylindrical glass column forms a central pivot or nucleus roofed with an inverted dome, a kind of upside-down rotunda. The conventional house structure is built up around and over this.

Neither of the two bodies, however, are completely independent, as they are closely connected through glass columns placed regularly in three of the four corners of the traditional floor-plan. The fourth column is built in stone, making a radical break in the pattern. The link is consolidated in the studio on the upper floor, which provides direct access to the uppermost part of the spiral construction.

The basic geometrical form of this construction is, without a shadow of doubt, the spiral. On the outside it constitutes one of the main buildings and is echoed in various corners of the other volume, and in many of the details inside, such as the spiral staircase connecting the various floors of the tower and the flooring, which produces a dizzy sensation of going round and round in circles.

The total transparency of the columns in the corners both contributes a feeling of lightness to the main volume and lends weight to the central area.

This desire for communion can also be seen on the first floor of the spiral construction: the columns supporting the floor give the impression of leaning backwards, making it look as if the building were advancing toward the surrounding environment.

El deseo de reunión entre el exterior y el interior se pone también de manifiesto en la primera planta del cuerpo en espiral; las columnas que lo aguantan parecen retirarse hacia detrás, produciéndose el efecto de que la construcción avanza hacia adelante, hacia el paisaje circundante.

The enormous glass walls which form a large part of the facades let in light which penetrates throughout the open interior spaces.

Las enormes cristaleras que recubren la mayor parte de las fachadas exteriores hacen posible la entrada de una gran cantidad de luz natural, que se expande libremente a través de los distintos espacios abiertos.

La casa se levanta sobre una planta irregular y se divide en dos volúmenes diferenciados: una nave principal y un cuerpo en espiral. En este último, las distintas estancias —salas, comedor— se distribuyen formando una sucesión de espacios, sin ningún tipo de barrera física que los separe o delimite; los tres niveles que presenta quedan unidos por una escalera de caracol. Todo el sótano es una gran sala circular de juegos y recreo. La planta contiene la cocina, la sala de estar y el comedor, y finalmente el nivel superior acoge la habitación principal y un enorme estudio con acceso directo a una terraza de tendencia cónica.

La nave principal presenta tres niveles donde se sitúan el garaje y servicios en la parte inferior, dos dormitorios con baño en la planta baja y en la tercera dos habitaciones, también con baño y comunicadas con terrazas.

El arquitecto Massimiliano Fuksas concibió este trabajo arquitectónico como un organismo que surgía de la combinación de dos elementos diferentes, tanto a nivel de estructura geométrica como en el ámbito espacial. Así, se decidió por dos cuerpos que se contraponen: el primero es una espiral que tiene como centro o núcleo un cilindro-columna de cristal y como cobertura una bóveda volcada, una especie de panteón al revés. A su alrededor y por encima, surge la casa tradicional, una nave rectangular

The studio situated under the roof has triangular windows which distort the true geometrical lines; this produces an odd effect and curious plays of light.

El estudio situado bajo el tejado presenta unas aberturas triangulares que distorsionan las líneas geométricas reales, produciendo un extraño efecto y creando unos curiosos juegos de luz.

A rather unusual spiral form has been established as the nucleus of the house, and serves to unify the conceptual contrasts.

Una forma geométrica no demasiado corriente como es la espiral se constituye a sí misma como núcleo principal y se define como elemento unificador de los conceptos contrastados.

cubierta por un terrado. Estos dos cuerpos no aparecen, sin embargo, como absolutamente independientes, sino que quedan íntimamente relacionados a través de las columnas acristaladas que se repiten en tres de los cuatro ángulos del habitáculo tradicional; a modo de herejía, la última arista se construye de piedra. El nexo de unión se completa con el estudio del piso superior, que ofrece un acceso directo a la parte más elevada de la construcción en espiral.

La forma geométrica básica de esta construcción es, sin duda alguna, como ya se puede intuir, la espiral: en el exterior constituye uno de los cuerpos principales de la obra, que encuentra eco en varios ángulos del otro volumen. Y en el interior se repite en múltiples detalles: en la escalera de caracol que une los distintos niveles del torreón o en el dibujo que cubre el pavimento de la primera planta, por ejemplo, que puede llegar a producir una sensación de mareo. La gran transparencia de las columnas de los ángulos, por su parte, aporta ligereza al gran volumen.

Both wood and ceramic tiles have been used in the flooring, with alternate grey and white tiles on the ground floor, a combination repeated on the spiral staircase and complemented by a grey metal hand-rail. The dome over the spiral volume is made of stone.

Para los suelos se ha utilizado la madera y también la cerámica, que en la planta baja presenta una alternancia de piezas en blanco y en gris, combinación que se repite también en la escalera de caracol, complementada con una barandilla metálica de color gris. La bóveda que recubre la espiral es de piedra.

The interior is plastered in Roman stucco, while the cement of the exterior is punctuated with glass, a fundamental element in this project. Ceilings and walls are painted white, the predominant colour of the decor.

El interior aparece enyesado con estuco romano, mientras que el exterior, recubierto de cemento, se abre gracias al cristal, elemento fundamental de esta obra. Tanto los techos como las paredes están pintados de blanco, que es el color predominante en este proyecto.

4 Single-Family Dwelling in Florence
By Elio Di Franco

The irregular volume of the house, which rests on a square platform, is divided into two different levels. There is also a separate studio apartment. The main unit of the house is reached through the principal entrance on the northeastern facade. The first floor contains the living room, the dining room, the kitchen and a bedroom with en suite bathroom, all of which constitute the area where family life tends to take place. On the second floor, which is reached by a striking spiral staircase, we find the main bedroom, the study and an enormous bathroom.

The terrace is reached by an external stairway on the southwestern facade. The independent studio apartment, which will probably be used for guests, also has its own kitchen and bathroom, thus constituting a kind of suite which offers all the necessary services and conveniences.

The original buildings dated from the early sixties and reveal a heterogeneous architectural language consisting of volumes which were propped against each other, as if they had been constructed in different periods for new and different purposes. A low stone building with arches and columns in faded red constituted the central core of the development. A simple building to the southwest, in shades of ochre and yellow, contained three

The house is located in the Italian city of Florence, at the point where the ancient Via San Leonardo meets the doors of the Belvedere fortress. Towards the northeast the house overlooks the city, whilst in the opposite direction it has a view of the wide valley in front of San Miniato al Monte.

Esta residencia se halla ubicada en la ciudad italiana de Florencia, exactamente donde la antiquísima vía de San Leonardo encuentra la puerta del Fuerte del Belvedere. Por el nordeste, la casa mira hacia la ciudad y por el lado contrario lo se abre hacia el extenso valle.

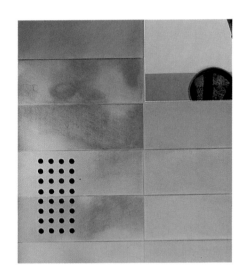

The use of simple geometry with a purity of line is an underlying feature of the architecture. The keywords are the circle, the triangle and the square. For this reason the four sides of the platform on which the house rests have been enriched with elements such as the triangular stairway, which provides access.

La utilización de una geometría simple, de trazos puros, es un hecho congénito a esta arquitectura. Se proponen el círculo, el triángulo y el cuadrado como palabras clave. Por esta razón, los cuatro lados de la plataforma sobre la que descansa la casa han sido enriquecidos con elementos como el peldaño triangular que marca el ingreso.

The exterior is paved with Serena stone, with simple adornments in white Carrara marble, which give the project its distinctive character. These two materials are repeated in the interior of the house, with the Serena stone on the lower floor and the white Carrara marble on the upper floor.

En el exterior el pavimento se recubre de piedra serena, marcada con sutiles haces de mármol blanco de Carrara que individualizan la modularidad del proyecto. Estos dos materiales se repiten en el interior de la casa, distribuyéndose en la planta baja la piedra, y en el primer piso el mármol blanco.

The arches which form a sort of cloister on the lower part of the main facades, contrasting with the large square windows of the upper floor. These simple geometrical forms are also combined in the interior. Here the outstanding feature is the striking spiral staircase which links the two levels internally, representing a break with this simplicity of line.

Los arcos, que forman una especie de claustro en la parte inferior de las fachadas principales, contrastan con las amplias ventanas cuadradas de la parte superior. También en el interior se combinan estas geometrías, destacando la impresionante escalera helicoidal que une los dos niveles, y que representa una ruptura con la simpleza de líneas.

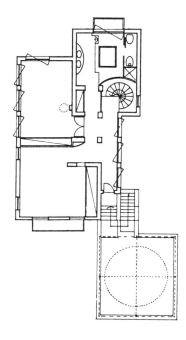

small apartments which resembled cabins. The only way of reaching the first floor was by an external stairway; consequently, the terraced garden could hardly be used. The result was an amalgam of volumes which Elio Di Franco set out to transform completely.

The architect decided to create a high degree of intercommunication between interior and exterior. As a result the project went beyond the physical boundaries of the house to the swimming pool, the vine arbour and the spacious terrace, which are all contained within walls, like an extension of the domestic space. The paving of the spacious terrace, surrounding the house with the same materials as used for the interior flooring, underlines this relationship. The reflection of the back of the house in the water of the swimming pool finds its counterpoint in the long rectangular mirror on the ground floor. It both devours and reflects chunks of the vegetation, enhancing the garden and reaffirming the desire for fusion.

Various elements are repeated inside and out in almost symmetrical fashion; a good example is provided by the round carpet on the ground floor which is visible from the garden, and which has a shape similar to that of the circular outdoor swimming pool which dominates the rear of the house.

Se encuentran algunos elementos casi simétricos que se repiten dentro y fuera: la alfombra de la planta baja que se puede ver desde el jardín, y que posee unas medidas parecidas a las de la piscina circular exterior que preside la parte posterior de la casa.

El volumen irregular de esta casa, apoyado sobre una plataforma cuadrada, se divide en dos plantas diferenciadas, y a la vez se distingue de un estudio-habitáculo independiente. A la residencia se accede por la entrada principal ubicada en la fachada noreste.

En el primer piso se distribuyen la sala de estar, el comedor, la cocina y anexos y una habitación con baño propio, y se constituye así como la zona donde se desarrolla la mayor parte de la vida familiar. En la segunda planta, a la que se llega a través de una fabulosa escalera en forma helicoidal, se halla el dormitorio principal, el estudio y un baño de grandes proporciones. En el sudoeste, una escalinata exterior conduce a la terraza. El estudio-habitáculo independiente, probablemente destinado a los invitados, dispone también de baño y cocina propios, y se convierte así en una especie de suite que ofrece todas las comodidades y servicios necesarios.

Los antecedentes de esta edificación procedían de principios de los años sesenta y mostraban un lenguaje arquitectónico heterogéneo, basado en volúmenes apoyados los unos en los otros, como si hubieran sido construidos en épocas distintas para funciones nuevas y diversas. Un cuerpo bajo de piedra, con arcos y columnas, de rojo antiguo, constituía el núcleo central. El contenedor que se encontraba al sudeste, simple, de tonalidades ocres y amarillas, lo llenaban tres pequeños apartamentos con estancias a modo de cabinas. El único acceso al primer piso era una escalera exterior, y el jardín escalonado resultaba casi totalmente impracticable. El resultado era una amalgama de volúmenes que Elio Di Franco se propuso transformar completamente.

El arquitecto se planteó una permeabilidad extrema entre interior y exterior. Así, la extensión del espacio proyectado más allá de los límites físicos de la casa, con el estanque-piscina, el emparrado y la gran terraza, permanece encerrado en el interior de paredes ideales, como un espacio doméstico más amplio. El hecho de que la gran terraza existente alrededor de la vivienda haya sido recubierta con el mismo material que los pavimentos internos subraya esta característica de relación. El reflejo de la fachada posterior de la casa que se adivina en las aguas de la piscina halla su contrapunto en un espejo alargado y rectangular en el interior, en la planta baja, que engulle y muestra a la vez parte de la vegetación que da vida y colorido al jardín, reafirmando este deseo de fusión.

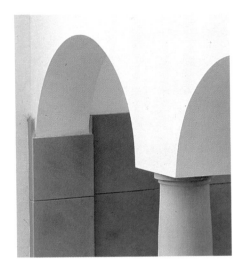

5 Arango-Berry House
By Franklin D. Israel

The growth of Southern California is reminiscent of a similar real-estate boom in New York in the early XX century. The structure of the buildings in Beverly Hills – the skyline – has introduced ritual forms.

This project was based on an original structure built in 1950, which was almost in ruins. The state of deterioration of the building made it necessary to demolish the old external wall and construct new ones. The house, owned by a scriptwriter-producer, was enlarged and completely remodelled.

When this process was completed, the structure consisted of two rectangles joined on one of their two longer sides. The enlargement was added to the rectangle opposite the module containing the main entrance, and consisted basically of a new bathroom and dressing rooms. These, like the roof, were constructed in galvanised metal sheeting. The extension and remodelling resulted in a spacious building formed by two rectangular parallelepipeds. These two constructions share a single vast roof where the

Arango-Berry House, situated in Beverly Hills, is a unique example of Southern California building style which has become an international legend.

La Arango-Berry House, ubicada en Beverly Hills, es un ejemplo singular de la línea constructiva que se mantiene en la California meridional y que se ha configurado como un mito en todo el mundo.

The colour contrast in the facades of whites and greys, with a contrasting note provided by the blue walls, is repeated in the interior in the white walls, the glossy steel of the smaller structures (the fireplace, the bed and the cabinet for the hi-fi equipment) and the blue rug in the living room.

El juego cromático de sus fachadas (blancos y grises con la nota de contraste que pone el singular muro azul) se repite en el interior con los paramentos blancos, el acero satinado de las obras menores (chimenea, cama y mueble para el equipo de alta fidelidad) y la alfombra de tonos azules del salón.

heating and air conditioning systems and the ventilation ducts have been concealed.

The main entrance to the residence is set into the blue opaque stucco wall which encloses the garden. This new structural element is in tune with Israel´s creative spirit. He has an affinity for the interplay of contrasting colours, always opting for fresh and surprising combinations. The opening in the wall which constitutes the entrance is in the unusual shape of an inverted L. It is closed by a black iron gate remarkable for the simplicity of its design.

Israel left the existing swimming pool intact, but extended the brick wall which surrounds it to meet the blue stuccoed concrete wall of the garden. This blue wall is one of the dominating elements in the exterior design. The architect extended the wall horizontally to create a link between the new garage and the main entrance and to flank the entry gallery as far as the living room, thus penetrating the interior space.

The house is on one floor, but there are interior differences in level which are spanned by short flights of steps. At the level of the entry gallery and opening off it is the door to the bedrooms and their adjoining bathrooms. At the end of the corridor, which has an original undulating ceiling, the visitor reaches the kitchen and the living room/dining room. The large, unobstructed spaces are impressive, and the natural light lends the rooms a pleasant transparency. The main bathroom and the dressing rooms added by Israel can be reached from this section.

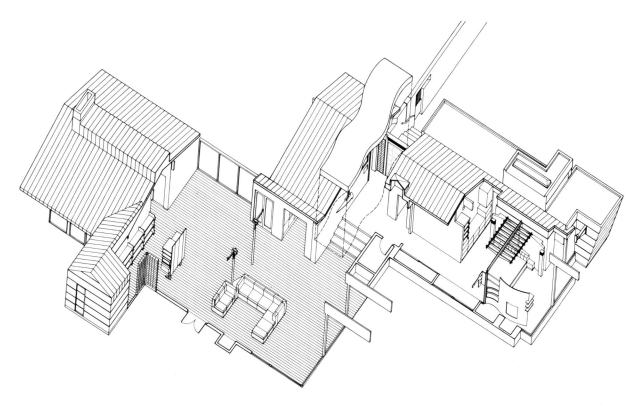

El crecimiento que ha experimentado el sur de California recuerda a la similar explosión inmobiliaria que sufrió la ciudad de Nueva York a principios del s XX. La estructura de los edificios de Beverly Hills ha introducido formas rituales, pero en menor escala que las de los bloques de Nueva York.

La presente actuación se llevó a cabo sobre una estructura original que databa de 1950 y que se encontraba totalmente destruida. El lamentable estado de este contenedor hizo necesaria la demolición de las fachadas existentes y la construcción de otras nuevas. La casa, propiedad de un guionista y productor, fue, por lo tanto, ampliada y remodelada en su totalidad.

Una vez finalizada la actuación del arquitecto americano, el contenedor presentó una planimetría configurada por dos rectángulos unidos por uno de sus lados de mayor longitud. La ampliación se llevó a cabo en el paralelogramo opuesto al que acoge la entrada de la casa, y se basó, principalmente, en la construcción de un baño y los vestidores; en ambos se utilizó lámina metálica galvanizada como material constructivo, al igual que en la cubierta de todo el edificio.

De esta ampliación y remodelación, ha resultado un conjunto de grandes dimensiones formado por dos voluminosos paralelepípedos rectangulares. Estos dos cuerpos se encuentran unificados por una gran cubierta

The original layout, designed in the fifties, was retained. Large windows and walls of glass and concrete afford new views over of the city.

En los interiores se ha mantenido la estructura original de los años cincuenta. Amplios ventanales y paredes de hormigón traslúcido ofrecen nuevas vistas sobre la ciudad.

The entire interior of the house has been redecorated. The cabinet containing the television set and the hi-fi equipment, the fireplace and the bed in the master bedroom are all built-in structures finished in glossy steel.

La decoración interior de toda la casa ha sido renovada. Así, el mueble que contiene el televisor y el aparato de alta fidelidad, la chimenea y la misma cama del dormitorio principal, son construcciones de tabiquería acabadas en acero satinado.

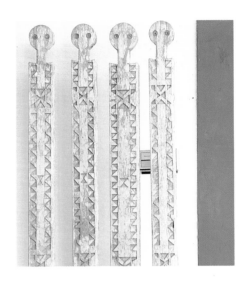

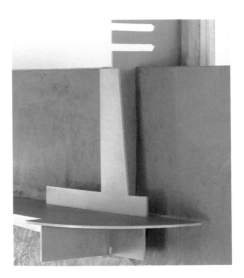

revestida en lámina metálica galvanizada. En ella se han ubicado la calefacción, el aire acondicionado y los conductos de ventilación.

En el muro revestido de estuco opaco en color azul, delimitador del jardín, se encuentra la entrada principal de la residencia. Se trata de un elemento constructivo nuevo, acorde con el espíritu creativo de F. D. Israel, autor que gusta del juego de contrastes cromáticos, apostando siempre por combinaciones innovadoras y sorprendentes. El hueco abierto en el muro y que constituye la puerta de acceso tiene una original forma de L invertida; el elemento que lo cierra es una verja de hierro negra que basa su singularidad en la sencillez compositiva.

La casa se desarrolla en una sola planta que presenta cierto desnivel interior, salvado por pequeños tramos de escalera. Al mismo nivel que la galería de ingreso y desde ella, se abre la puerta que comunica con la zona de los dormitorios y sus baños correspondientes. Una vez recorrido el original pasillo de cubierta ondulada, se accede al piso que acoge la cocina y el salón-comedor, una zona que impresiona por sus grandes espacios, libres de todo obstáculo, y la luminosidad natural que dota a esta área de una agradable transparencia. Desde aquí, se puede acceder al baño principal y a los vestidores que corresponden a la parte ampliada.

6 A House Remodelled
By Vos Interieur

The house is built on a site which presents very few awkward topographical features, which were absorbed into the original building plans. The villa was oriented in such a way as to take maximum advantage of exposure to sunlight, and to command a view over the attractive surrounding landscape. The rooms designated for communal family life were therefore positioned on the northern side, facing the large garden and enjoying a view of the woods in the distance. The more private individual rooms are on the opposite side, and have the advantage of a panoramic view and of being rel-

The juxtaposition of volumes, with comfort as the main priority, was the governing architectural principle which influenced the design of this residence built during the thirties. This house, constructed by J.C. Brand in 1935, was later remodelled in 1967 by a team of Dutch architects: Vogel, Spaargaren and Valkenberg. The property was bought in 1989 by its present owner, who contracted Henk Vos´s interior design firm Vos Interieur to modernise the interior.

La directriz arquitetónica de esta residencia de los años treinta responde a una yuxtaposición de volúmenes, con una marcada primacía del confort. Se trata de una construcción de 1935, realizada por J. C. Brand, que posteriormente, en 1967, los arquitectos holandeses Vogel, Spaar-garen y Valkenberg se encargaron de remodelar. En el año 1989 la edificación fue adquirida por el propietario actual, que encargó la modernización del interior al estudio Vos Interieur BV de Amsterdam.

The juxtaposition of this succession of different structures creates an abundance of separate spaces fulfilling different functions, and provides a larger living area and more space.

La multiplicidad de espacios generados a partir de la sucesión de volúmenes revierte en una adecuada funcionalidad para cada uno de ellos y una mayor amplitud para el aprovechamiento de la superficie habitable.

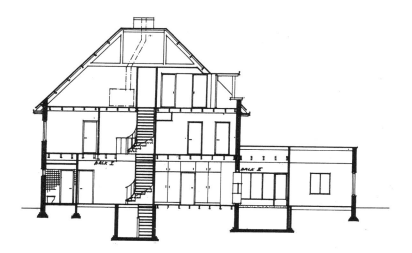

The formal structure is inspired by the typical English country house. It is an elegantly slender structure with simple exterior brick ornamentation and a tiled span roof.

La estructura formal está inspirada en el típico estilo inglés de casa de campo: de elegante esbeltez, con sencillas decoraciones externas de ladrillo rojo y teja, y con grandes cubiertas inclinadas a dos aguas.

atively isolated from the bustle of family life. The garden has a large lawn ending in a small copse of black poplars.

The building unfolds into various apparently independent constructions which are in fact closely linked. Looking at the facade where the main entrance is situated, the building looks like a compact three-storey block. On the opposite side, however, it appears as a succession of glassed-in galleries, small and large windows and terraces which open directly onto the garden. Also on this side of the house there is an annex, connected to one end of the building by a covered passage.

The rooms in the house are distributed over three floors, four including the basement access to the garage. The top floor has sloping attic ceilings and small dormer windows set into the floor. All the windows have metal frames, chosen for durability and because they require little upkeep. Observation of how the rooms are distributed throughout the three floors and the interior layout may help to explain how the building unfolds externally into different constructions forming angles and projections. It is interesting to note that various modules have been superimposed as a result of the structural remodelling undertaken a few years after the house was built.

The work carried out by Vogel, Spaargaren and Valkenberg concentrated on opening the house up to the exterior, the garden and the sky. Rooms whose functions could be combined were put together, and the high ceilings of the original house were lowered. The dining room was merged with the living room. Although the house was restructured, no attempt was made to alter the interior design as such.

Work on the new interior decor undertaken by the specialised Amsterdam studio, Vos Interieur BV, however, respected the original thirties´style details, but combined them with avant-garde, ultramodern designs.The designers' intention was to create a lived-in atmosphere in a house which would at the same time respect past and present.

La nueva decoración, obra del estudio Vos Interieur BV, siempre mantuvo el respeto hacia los detalles originarios de 1935, combinándolos con elementos de diseño vanguardista. La intención de los interioristas era crear una atmósfera con vida en una casa respetuosa con el pasado y el presente.

Este edificio está orientado de manera que puede aprovechar al máximo la exposición solar y el dominio del sugerente entorno paisajístico. De esta manera, en la vertiente septentrional se distribuyen los recintos propios de actividades comunes de la familia, en dirección hacia el extenso jardín y con vistas del bosque que se forma a lo lejos. La zona opuesta comprende las estancias más individualizadas de la vivienda, consiguiendo una vista panorámica y evitando el ruido propio del área de vida. El jardín consiste en una extensión de césped, que al fondo de la parcela limita con un pequeño bosque de chopos.

La configuración volumétrica del edificio se desdobla en distintos cuerpos aparentemente independientes, pero que poseen una profunda ligazón. En la fachada correspondiente al acceso, la casa aparece como un bloque compacto y elevado de tres plantas, y en el alzado opuesto, se muestra como una sucesión de galerías acristaladas, ventanas, ventanales y terrazas. Junto a esta área de la residencia abierta al exterior, se encuentra un cuerpo anexo que, a modo de cobertizo, se une al edificio en uno de sus

The prevalence of the undulating curve can be seen throughout the house: in the separation between the various levels of the ceiling; the strikingly effective screen at the entrance; the furniture; the shelf unit running around the living-room wall; the carpet; the kitchen flooring, and in many other details.

Los interioristas utilizan reiteradamente la contraposición de las líneas curvas con los trazos rectilíneos. El predominio de las formas onduladas se observa en la separación entre los diferentes niveles del techo, en el biombo de la entrada, en el mobiliario, en la estantería que abarca todo el paramento de la sala de estar, en la alfombra y en otros muchos detalles.

lados más cortos. El jardín se extiende frente al lado de la casa que está en íntima conexión con el exterior, y al fondo de aquél se levantan los chopos.

El programa funcional de la vivienda se desarrolla en tres plantas, cuatro si se tiene en cuenta el sótano de acceso al aparcamiento. El nivel superior adopta forma de buhardilla, con techos inclinados y ventanas de pequeñas dimensiones que se insertan en la cubierta. Todas las aberturas tienen carpintería de acero, seleccionado por su resistencia y el escaso mantenimiento que precisa. En la disposición tripartita de las plantas habitables se reparten las diversas dependencias interiores. El estudio de la distribución puede ayudar a entender que el edificio se desdoble externamente en diversos cuerpos, formando ángulos salientes. Cabe destacar también que la superposición de unidades de edificación es debida a la remodelación estructural sufrida al cabo de unos años de ser construida. Si bien la casa había sido reestructurada, nunca se había hecho ninguna incursión en el interior.

The other main ornamental technique is the use of touches of colour set against the predominantly white background. This technique is particularly striking in the living room and in the bathrooms where, next to the immaculate whiteness of the marble, floor and walls, the odd touches of bright, vivid colour break the monotony of the initial uniformity.

Otro motivo ornamental es el uso de ciertas notas de color contrapuestas al blanco imperante. Este aspecto adquiere especial importancia en el salón y en los baños donde, junto al blanco inmaculado del mármol del solado y de las paredes, algunas pinceladas de tonos vivos y llamativos rompen con la armonía inicial.

The ground plan of the house, located in uptown Barcelona is in the shape of an isosceles triangle which, as the building ascends to the upper floors, becomes more and more regular until it is a pure geometrical shape which forms the uniform roof. The construction seen from the outside, therefore, appears to consist of superimposed horizontal planes crowned by a triangular copper prism on two parallel glass bases.

La planta de esta casa, situada en una zona alta de Barcelona, dibuja sobre el terreno un triángulo isósceles que, a medida que se va regularizando hacia los pisos superiores, se convierte en un cuerpo geométrico puro que permite la presencia de una cubierta unitaria. De esta forma, la construcción vista desde fuera aparece como una superposición de planos horizontales coronados por un prisma triangular de cobre con sus dos bases paralelas de vidrio.

7 **A House in Barcelona**
By Carles Ferrater

*T*he four floors of the house are divided symmetrically by a central axis formed by the main entrance hall. This geometrical similarity between the two areas created within the house, together with the individual treatment of each of the three facades, serves, paradoxically, to reinforce the general asymmetry of the design.

The interior plan follows a radial design, the rooms on each floor being distributed around the central entrance hall. A flight of wooden steps crosses the lawn, connecting the gateway on Avinguda Pearson to the panelled hall door. The hall is double height, and is connected to all the floors by way of a staircase on one side and a lift.

Ferrater has employed his customary tactics in this house in using natural light from outside to illuminate the interior. He has positioned all the bedrooms facing east, looking out over triangular window boxes, which create a double facade. The living areas, on the other hand, are on the southeastern side, where the facade is composed of numerous superimposed entrances (porches, terraces, loggias and half-covered walkways), which cascade down to the garden level. The pool facilities (baths, changing rooms, etc.)

open onto a series of patios on the northeastern side. The building is therefore open on all sides and has magnificent views of the city, the port and the sea in the distance.

The house is laid out on four floors, the lowest of which is reached straight from Passatge Pearson through a semi-basement floor, where there is parking space for six cars, machine rooms, cellars, etc. This whole area receives a great deal of direct light from a courtyard at the back. The floor immediately above this houses the main rooms, which are connected through the porch to other underground facilities. Here light comes in through a large French window, which opens onto the garden. The rest of the bedrooms and bathroom suites are on the second floor. Finally, on the top floor, there are rooms which need to be rather more isolated for the sake of privacy: a room for receiving visitors, the library,

A wall, starting from the front of the house, encloses the upper garden and the dressing rooms adjacent to the pool area. A sloping lawn goes down from the front porch of the house to the swimming pool.

Desde el eje exterior del edificio, parte un muro que rodea el jardín superior y cierra los servicios de la zona de baño. Sobre él discurre una pérgola con un mirador en su final. Frente a la casa y el porche, una suave pendiente cubierta de césped desciende hacia la piscina.

a dining room which connects with the floor below, and a large living room with a transparent ceiling, which is formed by the prismatic structure crossing the building.

The site of this house was a determining factor in the architect´s design for this building. This can be seen in the way the whole structure has been adapted to the topographical characteristics of this site on the hillside above Barcelona, which provides beautiful views of the city and the sea. The design opens the house to the exterior for a number of fundamental reasons. It allows natural light to penetrate by including large windows so that all of the rooms are well illuminated and feel spacious, and it facilitates natural and immediate conmmunication between the interior of the house and its surroundings.

Los cuatro niveles en los que se desarrolla la vivienda se encuentran divididos simétricamente por un eje central: el vestíbulo del acceso principal. Sin embargo, esta igualdad geométrica entre los dos planos creados de la casa refuerza, con el tratamiento específico de las tres fachadas, la asimetría del plano general del edificio.

The house has been built with stone-faced walls, copper roofs and bare concrete cornices. The railings around the terraces, loggias and pergola are all made of metal. The garden seats have wooden bases and metal feet. The outside areas are paved in stone slabs and the interior floors are parquet.

En la edificación de esta vivienda se han empleado muros aplacados de piedra, cubiertas de cobre y cornisas de hormigón visto. Los acabados de las barandillas de las terrazas, logias y pérgola son metálicos; los bancos tienen las patas de metal y la base de madera. Los suelos son de losas de piedra en el exterior y parquet en el interior.

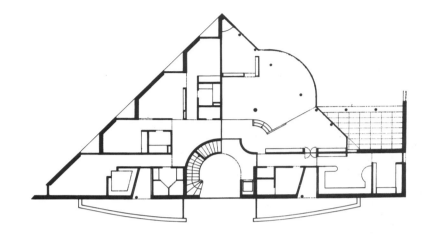

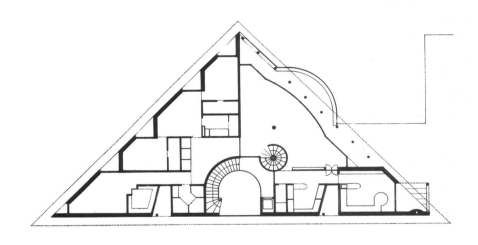

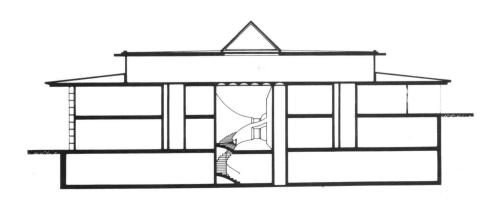

69

Ferrater ha ideado en el interior de la vivienda una distribución radial, de forma que las diferentes estancias de cada uno de los niveles se reparten desde el vestíbulo de acceso central. Unas escaleras de madera que atraviesan el césped comunican la entrada de la casa, en la avenida de Pearson, con la puerta de cuarterones del hall, constituido a doble altura, desde el cual se relacionan las diferentes plantas por unas escaleras laterales y un ascensor.

Ferrater ha puesto de nuevo en práctica, con el proyecto de esta vivienda unifamiliar, sus habituales tácticas a la hora de introducir en el espacio interior la luminosidad de los exteriores. Por ello el arquitecto catalán ha orientado todos los dormitorios hacia el este a través de unas jardineras triangulares que crean una doble fachada. Por otra parte, las zonas de estar van ocupando el alzado suroeste y configurando en él distintos accesos superpuestos (porches, terrazas, logias y cubiertas intermedias) que se abren al jardín a modo de cascada.

En la fachada noroeste se han ubicado unos patios a los que se abren las dependencias de servicio, baños, vestidores, etc. De esta forma, esta construcción totalmente abierta y favorecida por su emplazamiento goza de unas magníficas perspectivas visuales de la ciudad y su puerto, con el mar al fondo.

Tal como se ha señalado anteriormente, el programa de la vivienda se ha estructurado en cuatro niveles. En una planta enterrada a la que se accede sin desnivel desde el pasaje de Pearson, situado en el lado norte, a través de un túnel, se ubica un aparcamiento para seis vehículos, las dependencias de instalaciones, bodegas, etc. Toda esta superficie queda iluminada de forma natural gracias a un patio inglés que se encuentra en el lado posterior. El piso inmediatamente superior acoge las estancias principales que se comunican a través del porche con unas instalaciones auxiliares enterradas. La iluminación en este caso se ha resuelto con un gran ventanal que actúa, a su vez, como nexo de unión con el jardín. En el siguiente nivel, se ha dispuesto el resto de las habitaciones con sus baños correspondientes. Como elemento curioso y singular cabe destacar que desde estas dependencias individuales se puede acceder al jardín por el lado sur, aprovechando el desnivel del terreno.

Finalmente, el último piso engloba espacios que requieren mayor privacidad: un salón de recepción, una biblioteca, un office-comedor, comunicado con el piso inferior, y un gran salón de estar que es la traducción interior del prisma triangular que se ve desde fuera coronando la construcción.

The original main facade of this reconstructed building faces the gardens of the French Institute and the Athens School ofArchaeology in the centre of the city. It dates from 1920 and is a prototype of upper middle class town housing typical of the time. Although the house is located right in the centre of the city, the old carefully tended gardens nearby have prevented the construction of large apartment blocks in the area.

La fachada original de este edificio reconstruido se enfrenta a los jardines del Instituto Francés y de la Athens School for Archaeology, en el centro de la ciudad. Data de 1920 y se trata de una típica casa urbana de la clase media-alta de la época. Aunque se encuentra en el mismo centro de la ciudad, la presencia de antiguos y muy bien cuidados jardines ha impedido la construcción de grandes bloques de viviendas en la zona.

8 A House in Athens

By Antonis K. Stassinopoulos

The object of the reconstruction was to convert the building into a private house, which also meant equipping it and modernising the amenities, bringing them into line with contemporary standards. The most important factor was to preserve the neo-classical facade because of its artistic value and state of preservation. It was meticulously restored, and a balustrade was added around the top-floor balcony, which fits in perfectly with the original ornamentation. Modern materials were employed in the reconstruction, but used in such a way that they do not clash with the original structure. Only the very top

layer had to be removed in order to bring out the original colours and forms. The whole procedure optically reduced the initial volume of the building, immediately to the left of

which a new building had recently been constructed.

The intention of the architect in restoring the facade was to avoid current fashionable architectural trends.

The new construction, in reinforced concrete, was erected behind the original frontage, on foundations taking up a surface area of 85 m². The ground and first floors also measure 85 m², the intermediate floor 55 m², and the second floor 70 m². The total area of the house was enlarged to satisfy the owners´ express request to have extra room for use as an office.

Se asentaron 85 m² de base que forman los cimientos de la nueva edificación; otros 85 m² para el suelo del piso inferior de la casa y otros tantos para el de la primera planta; 55 m² para el nivel intermedio y 70 para el segundo piso. El área total de la vivienda se aumentó a fin de satisfacer el deseo expreso de los propietarios de obtener una amplia zona destinada a despacho.

However, the design had to be elastic, durable and able to change with the times. The interior was also designed with the same ideas in mind.

It was a long time since the original building had been used as a house, and it lacked the modern conveniences of a contemporary home. The original building consisted of two adjacent wings, laid out on two floors with separate entrances, making two individual dwellings.

The remodelling was based on two fundamental points: the conservation of the main facade, and the reconstruction of the building on three floors, introducing an intermediate level between the first and second floor. The facade, classified as neoclassical by the Athenian authorities, was preserved and restored, while the rest of the house was demolished.

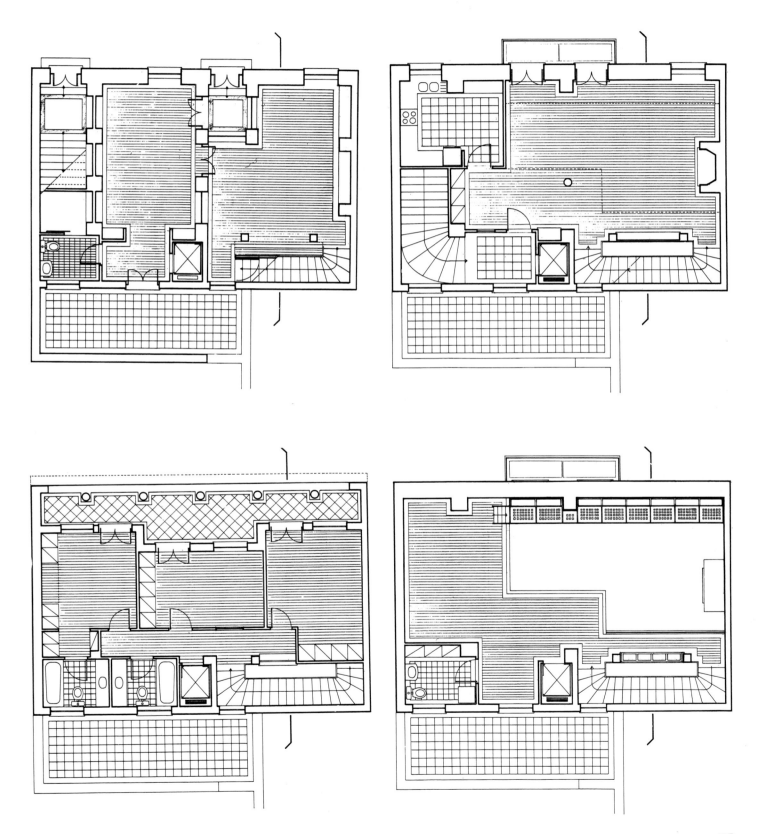

La reconstrucción de que fue objeto esta edificación suponía su adecuación como vivienda unifamiliar que, además, le proporcionara todas las facilidades de una casa contemporánea totalmente equipada.

Interesaba ante todo conservar el alzado neoclásico frontal, por su gran valor artístico. Además su óptimo estado aconsejaba evitar cualquier derribo, por lo cual fue restaurado escrupulosamente. Asimismo, se incorporó en lo alto una balaustrada, acorde con la ornamentación original, que constituye el balcón del piso superior. En esta intervención se recurrió a modernos materiales de construcción, utilizados de manera que no desentonaran con la estructura inicial. Tan sólo fue necesaria la desincrustación de la capa más superficial, a fin de realzar los colores y las formas originales. El procedimiento disminuyó ópticamente el volumen primero del edificio, que acababa de ser tratado por su coexistencia con una construcción nueva a su izquierda.

La intención del arquitecto al restaurar la fachada era que el resultado final evitara la inclusión de alguno de

The ground floor is taken up by a large office, with its own separate entrance and reception area. This floor is connected to the upper floors by a staircase and a lift. The first floor was dropped some 20 cm, while the ceiling was raised by about 70 cm in relation to the original structure. The total height attained in the main room of the house was therefore 5.20 m.

La planta inferior está ocupada por el gran despacho, con entrada y recibidor propios e independientes. Este nivel se conecta con los superiores a través de la escalera y el ascensor. El primer piso sufrió un descenso de 20 cm, a la vez que su techo fue elevado en 70 cm con respecto a la estructura original. La altura total que se obtuvo fue de 5,20 m en la sala principal de la residencia.

los modismos arquitectónicos de las corrientes actuales. Sin embargo, su tratamiento debía garantizar la elasticidad, resistencia y capacidad de adaptación en el tiempo. De igual modo, el interior de la casa fue diseñado bajo el mismo espíritu.

La intervención se centró en dos puntos fundamentales: el alzado principal y la reconstrucción de tres plantas, además de un nivel intermedio situado entre el primer y segundo piso. La fachada, catalogada como neoclásica por las autoridades atenienses competentes, se respetó y restauró tal como se ha mencionado anteriormente, mientras que el resto de la antigua casa fue demolido.

This intermediate storey is devoted to leisure activities and relaxation. It is used mainly as an extension to the living room. The intermediate storey, which has bay windows, has a surface area of 7.50 m and provides access to the library, constructed in steel and oak, which is suspended over the living room.

La zona intermedia constituye una estancia destinada a actividades lúdicas y de relax. Desde ella se accede a un balcón abierto al salón. Esta estancia se utiliza sobre todo como extensión de la sala de estar. Este nivel intermedio, en el que sobresalen las ventanas, se extiende 7,50 m y da acceso a la biblioteca, realizada en acero y madera de roble y que se halla suspendida sobre la sala de estar.

The original building was a conventional workshop with a vaulted basement. There was no shortage of internal space, numerous iron columns and intersecting beams, but it lacked lighting and ventilation systems, etc.. The only connection between the two floors was an outside stairway. The two pre-existing floors constituted the starting point for this construction, in which Spreng converted the original building into a structure with a stepped arrangement, culminating in a vertex on the top floor.

Spreng conceived the structure as a house within a house. The final result was a three-storey building, one storey of which was the original basement. Its ground plan is identical to the shape of the site: an irregular pentagon, which is repeated on the ground floor. In contrast to these two lower floors, the first floor is a perfect square. A glass pyramidal structure crowns it and allows light to penetrate the building vertically.

The structure of the building is of rough concrete and the facades of the main floor are faced with grey calcareous sandstone, except for the decora-

9 Residence in Berne
By Daniel Spreng

The conversion of an old workshop into a modern house was the challenge accepted by the Swiss architect Daniel Spreng. The project is located in a residential area in Bern, where no building rises higher than three storeys and the general architectural line is always respected.

Transformar un viejo taller en una moderna vivienda unifamiliar fue el desafío que se propuso el arquitecto suizo Daniel Spreng. El resultado de ello es esta casa emplazada en una zona residencial de la capital suiza, donde todos los edificios se elevan un máximo de tres plantas y respetan la línea arquitectónica generalizada.

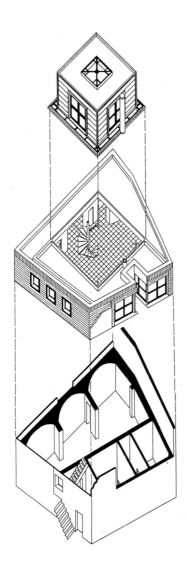

tive edge, which is in pale pink. The parapet is sheathed with alloy steel, as is the square unit above. This contrast in facings accentuates the external visual separation of the two volumes. The space between the two units forms a terrace for the first floor, which is paved with the same facing material as for the facade on the main floor.

The main entrance is on the eastern facade. It is centrally positioned and flanked by four windows. On the opposite elevation a group of openings interrupts the regularity of the polygon, since a small section of the facade is recessed and juts two metres into the house, thereby infringing on the unity of internal space. From inside, this recessed area is a white prismatic unit which is used as a fireplace and whose glazed back opens up to the outside. The southern elevation follows the wall, which marks out the site.

The interior walls are executed in matt white calcareous sandstone. The two upper storeys are floored in slate whilst the basement has a wooden floor.

Las paredes interiores son de arenisca calcárea blanca mate. Finalmente, los suelos se han pavimentado con pizarra en las plantas primera y segunda, y madera en el sótano.

The cubiform unit above is much smaller, containing only the master bedroom with its adjoining dressing room and bathroom.

El contenedor cúbico superior, mucho más reducido, se ha reservado para el dormitorio de matrimonio con sus espacios adyacentes, el vestidor y el baño.

El edificio inicial con el que se encontró el arquitecto consistía en un antiguo sótano abovedado, lo cual implicaba enormes proporciones del espacio interior, numerosas columnas cilíndricas de hierro, vigas vistas entrecruzadas, inexistencia de vías de iluminación y ventilación propias de una casa contemporánea, etc. Como elemento de enlace entre la planta y el sótano únicamente existía una escalera exterior, sin que hubiera otra forma de comunicación.

La planta subterránea y baja, las únicas preexistentes, fueron el punto de partida en la intervención y sirvieron de base para que Spreng convirtiera el viejo inmueble en un edificio

de configuración escalonada que culmina con un vértice en su punto más alto.

En el proceso de adecuación del antiguo taller, Daniel Spreng concibió la construcción como una casa dentro de otra. Así, el resultado final consiste en un edificio de tres plantas, una de las cuales es el antiguo sótano bajo el nivel del suelo. El plano de esta última reproduce la forma de la parcela, un polígono irregular de cinco

The ground floor accommodates the hall, the kitchen, one bedroom, the living room, the dining room and office, a bathroom and a room for household equipment. All except the two latter rooms are included in one large space.

Este primer piso contiene el recibidor, la cocina, un dormitorio, la sala de estar, comedor, despacho, un baño y un cuarto de enseres domésticos; todos, menos los dos últimos, están incluidos en un único gran espacio.

lados, que se mimetiza asimismo en la primera planta. En contraposición a ésta y al sótano, el primer piso se asienta sobre un cuadrado perfecto. Una estructura piramidal acristalada corona e ilumina verticalmente la construcción.

Sobre la estructura del edificio, de hormigón bruto, las fachadas que configuran la planta principal se han recubierto de arenisca calcárea gris, menos el remate marginal, que es de color rosa pálido. La cubierta del antepecho se ha realizado con acero al cromo, al igual que el cuerpo cuadrado superior. Este contraste en los materiales de revestimiento intensifica la separación visual externa de los dos volúmenes, confiriendo a la casa un aspecto singular. La separación horizontal existente entre los dos contenedores hace la función de terraza del volumen superior, y se ha pavimentado con el mismo material utilizado para el alzado del piso principal, dejando el límite externo para plantar vegetación.

The pre-existing staircase has been painted matt black, whereas the new metal one is painted gloss white with slate steps. This is practically the only architectural feature, apart from the fireplace, which encroaches on the spacious central area of the house.

El tratamiento que ha recibido la escalera preexistente ha consistido en un repintado en negro mate, mientras que la nueva es metálica, pintada de blanco brillante y peldaños con cobertura de pizarra. Éste es prácticamente el único elemento, además de la chimenea, que se entromete en el gran espacio central de la casa.

10 Kidosaki House
By Tadao Ando

Kidosaki House was commissioned by a Japanese family, and thus the architect designed a building reminiscent of the historic Japanese building style, featuring a horizontal conception of space and irregular dimensions. However, he also included some Western architectural concepts; thus, static geometric order and dynamic vertical direction were combined with the Oriental approach.

Constructed on an irregular site, the main block of the building is a perfect 12 m² cube, positioned in the centre of the plot, leaving open ground on both the north and south sides. The northern section contains the main entrance to the residence. This entrance area interrupts the linearity of

The Setagaya ward, a residential area in the Japanese capital, is the location for a singular building with a rather special function. Tadao Ando planned a residence to be inhabited by a couple and two older individuals, all members of the same family, bearing in mind the modern need for privacy as an essential aspect of comfortable coexistence.

En una tranquila zona residencial de la capital japonesa, en el distrito de Setagaya, se encuentra ubicada esta original construcción cuya funcionalidad es también peculiar. Ando ha tenido que proyectar, una vivienda para que sea habitada por tres entes pertenecientes al mismo núcleo familiar, pero sin olvidar las necesidades actuales, que exigen intimidad a la vez que convivencia.

Large windows, reaching from one side of the house to the other and from floor to ceiling, ensure that sunlight enters the building. The main facade appears as a block formed from smaller square glass elements.

Las aberturas suelen aparecer como grandes ventanales dispuestos de lado a lado y de arriba a abajo, asegurando la entrada de los rayos solares. La fachada principal de la casa se dispone como un bloque, formado a su vez por pequeños cuerpos cuadrados acristalados.

walls marking out the boundary of the property. One of the external side walls begins to curve at the centre and runs down to the northern facade, thereby creating an open space which provides access to the house. The space between the southern facade and the central cube becomes an interior courtyard. Both areas, north and south, act as buffer zones which maintain the privacy of the residence and protect the nucleus, which is the centre of domestic life.

The wall around the property follows the gentle slope of the street and curves inward at one of its ends, as it to invite the visitor onto the property. The entrance is divided into two sections: a wide staircase descending to the floor below street level and a narrow flight of steps leading to the upper floor.

The exterior wall, like the walls which make up the cube, was executed in reinforced concrete. From the street, the residence appears hermetically sealed, pierced only by tiny holes placed symmetrically along each of the facades. The same building material was used to execute the partition walls of several of the rooms, thereby creating the impression of an external area being drawn into the house. This process has its counterpart in the large windows, creating the impression that the interiors of some of the rooms are moving outward into the open spaces.

The first floor consists of an apartment for each of the parents, each flat with a separate entrance facing the garden, whilst the upper floor is occupied by the young couple. In this way, communication has been established between the independent flats and the three levels. All of the apartments contain a kitchen, a living room, a dining room, a bedroom and a bathroom. Only the garage and the utility room are communal spaces.

The design of the interior is based on crisp lines which define an austere space, free of baroque ornamentation and faithful to Japanese heritage. The blocks are uninterrupted and open, spacious and empty. The sparse and carefully chosen pieces of furniture and decorative elements contribute to the cleanliness of a space devoid of non-essentials.

Large windows, reaching from one side of the house to the other and from floor to ceiling, ensure that sunlight enters the building. The main facade appears as a block formed from smaller square glass elements. The result of the extensive glazing within Kidosaki House is an interplay of natural light, creating more pleasant and interesting spaces.

The architect has captured the ambivalent relationship between Eastern and Western architecture. Responding to the demands of the external setting and to those of the future residents, Tadao Ando has designed a house which is well adapted to the surrounding landscape with the logic of the builder´s art, despite its open antagonism. His architecture acquires strength and richness through the integration of the material used, the geometry of the building and also through nature itself. Its strength culminates in a reinterpretation of the austere Japanese culture.

The sparse and carefully chosen pieces of furniture and decorative elements contribute to the cleanliness of a space devoid of non-essentials. The furniture is also in a simple, elegant style with a markedly contemporary design.

Los pocos y seleccionados muebles y ornamentos contribuyen a definir un espacio limpio, donde lo presente es lo indispensable. El mobiliario también se rige por un estilo simple y elegante, de marcado diseño contemporáneo.

En el Japón tradicional, los espacios arquitectónicos se extienden en dirección horizontal. La Kidosaki House era un encargo para inquilinos japoneses, por ello el arquitecto proyectó una edificación con reminiscencias del estilo arquitectónico nipón: concepción horizontal del espacio y dimensiones irregulares. Sin embargo, también se permitió integrar elementos propios de la arquitectura occidental, creando un conjunto unificado y trascendente. Así, unió el orden geométrico estático y la dinámica dirección vertical que definen los volúmenes occidentales, con las directrices orientales.

En una parcela de planta irregular, se ubica esta edificación cuyo cuerpo principal lo constituye un cubo perfecto, de 12 m de lado, alrededor del cual se articula el resto de la construcción. Este volumen cúbico se localiza prácticamente en el centro del solar, dejando espacio abierto tanto en el norte como en la vertiente opuesta. El área que queda en la parte septentrional constituye la entrada de la vivienda. Esta zona tiene la particularidad de romper la linealidad de los alzados que delimitan el terreno.

Así, uno de los paramentos externos laterales, el que está orientado hacia el oeste, empieza a curvarse por el centro desplazándose para desembocar en el frente norte y organizar un espacio abierto que configura el acceso a la casa. Por otro lado, la falta de construcción existente entre la fachada meridional y el cuerpo cúbico central se reservó como patio interior. Ambas áreas, norte y sur, se han convertido en una especie de amortiguadores para mantener la privacidad y preservar el núcleo central en torno al cual gira la vida familiar.

El muro que delimita la parcela sigue la suave pendiente de la calle y en uno de los extremos se curva hacia adentro, como si condujera al visitante al interior de la propiedad. El acceso se divide en dos: una amplia escalera que desciende al piso que está por debajo del nivel de la calle y un estrecho tramo de escalones que conduce a la planta superior.

Este paramento exterior, así como los que constituyen el contenedor cúbico, se han construido de hormigón armado. Desde la vía pública, esta vivienda aparece hermética, úni-

The design of the interior is based on crisp lines which define an austere space, free of baroque ornamentation and faithful to Japanese heritage. The blocks are uninterrupted and open, spacious and empty.

El interior de la vivienda se dibuja a base de líneas de trazo neto, que definen un espacio austero y despojado de barroquismos, fiel a la esencia nipona. Los volúmenes son ininterrumpidamente abiertos, muy amplios y vacíos.

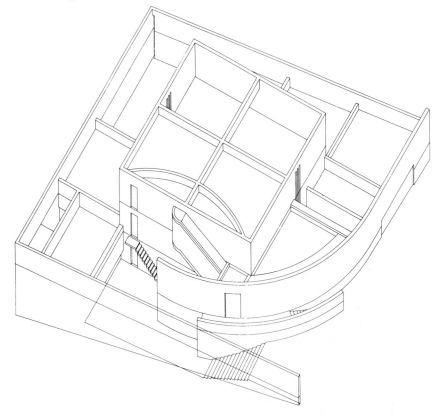

The result of the extensive glazing within Kidosaki House is an interplay of natural light, creating more pleasant and interesting spaces.

Los grandes paneles vidriados están estrechamente relacionados con la articulación de la luz. La repetida presencia del cristal en la Kidosaki House garantiza el juego de iluminación natural, constituyendo espacios más agradables e interesantes.

camente horadada por minúsculos óculos distribuidos simétricamente a lo largo de todas las fachadas. En ocasiones, el mismo material constructivo aparece también en los paramentos interiores de algunas estancias, creando con ello la impresión de que el exterior se introduce dentro de la casa, idea que se repite, a la inversa, con los grandes ventanales que hacen que el delimitado recinto de algunas dependencias se escape hacia los espacios abiertos.

El primer piso se ha configurado como una doble vivienda destinada a los padres, con entradas independientes frente al jardín. La unidad situada en la parte este está centrada alrededor del gran salón, del que parte una escalera que conduce al piso superior ocupado por la pareja joven. Esta dependencia dispone de un amplio ventanal que se abre al patio. Esta gran cristalera la comparte también el estar del sector adyacente. Existe, por tanto, una intercomunicación entre los diferentes espacios independientes y los distintos niveles. Cada una de estas viviendas dispone de cocina, salón, comedor, dormitorio y baño. Sólo el garaje y la sala de

máquinas se comportan como zona común.

El tramo de escalones más estrecho asciende hasta la entrada de la vivienda de la pareja más joven. En esta planta se distribuyen las mismas dependencias citadas para los otros miembros de la familia, además de un estudio que, junto con la habitación, se ha dispuesto en el tercer piso del edificio.

El arquitecto japonés ha plasmado en este proyecto una ambivalencia entre la arquitectura oriental y la occidental. Se podría decir que se trata de una construcción sin formas, que se integra en la naturaleza produciendo un espacio casi flotante.

11 A Residence in Vaise (France)
By Françoise-Hélène Jourda and Gilles Perraudin

The architects envisaged this construction, built for a family with four children, an a entity capable of evolving both inside and outside, adapting itself to the changing needs of the family.

The house is constructed on a rectangular ground plan, and consists of two floors. It includes a living room, kitchen, bedrooms, bathrooms, a games room, cellar and terraces. The terraces represent a physical and visual continuity of the interior of the house which extends to the outside.

Sheltered as they are by the projecting roof, they are, in fact, additional living and play areas outside the house.

The building is erected on a completely prefabricated metal base. The vaulted roof which gives the impression of being an extension of the foliage of the surrounding trees, was installed independently of the rest of the house in only one day. The idea of this roof is to provide a general shelter to efficiently protect the whole ensemble from inclement weather conditions.

The main containing structure is constructed entirely of plywood (nor-

This pattern of open and closed panels in the facade (protected by blinds so that the amount of light coming in may be adjusted), together with the interior and exterior plant life constitute the respiratory organism of the house, making it a living architectural body.

El juego de aberturas y cerramientos de los paneles en los alzados, completado con las persianas, auténticas controladoras de la luz natural, así como el conjunto de la vegetación exterior, se configuran como el organismo respiratorio de esta casa.

mally used for packing cases), including the walls, floors and ceilings. Thermal insulation was installed throughout the house between two layers of plywood sheeting reinforced with wooden struts to provide protection against the damp.

This building bears witness to a new philosophical approach to the relationship between inhabited space and natural space, or the basic ties between culture and nature. The house was built on a plot of land with gardens located in Vaise (France). The site is an irregular six-sided polygon enclosed behind high walls. To avoid damaging the existing vegetation, the house was constructed so that it rests on stilts and floats just above ground level.

Esta residencia es testimonio de una nueva filosofía sobre la relación entre el espacio habitado y el espacio natural, es decir, fundamentalmente entre naturaleza y cultura. La intervención se realizó en una parcela ajardinada situada en Vaise (Francia) sobre un terreno encerrado entre muros elevados que forman un polígono de seis lados. A fin de no dañar la vegetación existente, la casa se asentó sobre un mínimo de puntos de soporte que la mantienen flotando ligeramente por encima del suelo.

La realización de esta vivienda se llevó a cabo sobre una planta de forma rectangular desarrollada en dos niveles. El programa de necesidades que la constituye incluye sala de estar, cocina, dormitorios, baños, sala de juegos y terrazas. Estas últimas representan una continuidad física y visual del interior hacia el exterior y, al estar cobijadas por el tejado, se configuran como verdaderas salas de estar o de juego exteriores.

La edificación se levanta sobre una estructura metálica, enteramente prefabricada, que el equipo de arquitectos pudo montar en pocos días. Por otra parte, la cubierta abovedada y constituida como prolongación del follaje de los árboles que la circundan, se instaló disociada de la vivienda propiamente dicha, en una sola jornada. Con ella, se pretendía crear un

abrigo general respecto al resto de la construcción, que fuera eficaz como defensa de las posibles agresiones climáticas. El conjunto constructivo se conforma como un contenedor de madera contrachapada (utilizada generalmente para fabricar cajas de embalaje): pavimentos, techos y paramentos han sido realizados con este mismo material. Jourda y Perraudin

ubicaron un aislamiento térmico entre dos planchas contrachapadas tensadas por rigidizadores de madera, con el fin de proteger la vivienda de la humedad del terreno.

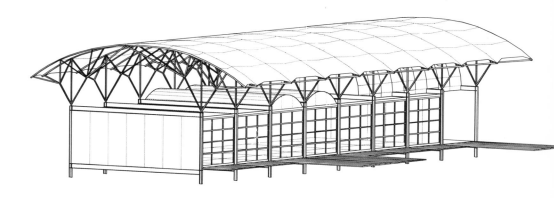

All the facades are closed except the one facing south. This has sliding glass panels which can be removed, giving an effect of physical and visual continuity with the outdoors by opening onto the garden in front.

Todas las fachadas son totalmente opacas, excepto la que se halla orientada hacia el sur. Ésta aparece constituida por paneles acristalados corredizos y amovibles, que dan una continuidad tanto física como visual al interior, introduciéndolo en el jardín situado justo enfrente.

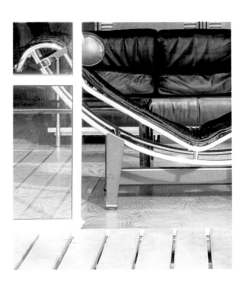

12 Imala House
By J. Frank Fitzgibbons

Fitzgibbons´s plans for this project were extremely complex, involving the renovation of a building consisting of two apartments, both duplexes. He extended the building by approximately 1,000 square feet, combining the two areas into a homogeneous whole. Previously there had been no internal connection between the two apartments.

When the conversion was completed, the construction appeared from the outside to be a single two-storey block. As one goes down the hill on which the building is sited, however, one can gradually discern the four storeys of which it in fact consists, plus a terrace with swimming pool. The overall impression is of a compact rectangle with hints of movement, an effect caused by the inclination of the site. Fitzgibbons has achieved a biform building which, on the north-facing side, is dominated by simple straight lines, while the rear facade is governed by more complex forms which are reflected in the interior of the house.

The various floors are linked by short flights of steps which connect the

Built on a site in a residential zone in Los Angeles, California, Imala House is in a privileged location offering magnificent views.

La proyección de esta vivienda unifamiliar se ha llevado a cabo sobre una parcela ubicada en una zona residencial de la californiana ciudad de Los Ángeles.

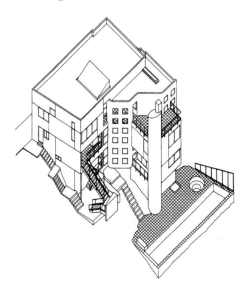

Square windows are dotted along the entire length of the wall in vertical and horizontal lines, dividing the facade visually into smaller planes, as if it were a block of buildings or lines connecting the doors and windows.

Las paredes están salpicadas en toda su extensión por ventanas cuadradas, dispuestas en línea vertical y horizontal, lo cual permite dividir la fachada en planos más pequeños, como si se tratara de un bloque de edificios o como líneas que interrelacionan las puertas y ventanas.

top terrace to the swimming pool level. The form therefore seems to be set afloat from the main mass of the building in order to define the plane of the eastern facade. The southern elevation follows the contours of the site at a 10-degree angle, flattening out where it merges with the level of the swimming-pool.

The plane formed by the main facade is repeated on the eastern facade, but in the form of a projecting beam. The pattern of the coloured

curved plane is picked up again as a jutting wall behind the projecting element, and this bends, wrapping itself around the exterior south-facing wall in a complex curve, and merges into the first section of the house. It later re-occurs in the L-shape formed by the lower mass which extends out southwards towards the city.

The entrance to the house consists of a large volume which takes up two floors and is made to look narrower by the curved plane of bright steel on the roof. The undulating glossy surface of this element contrasts with the white sand walls.

As mentioned above, the building is divided into four floors to take advantage of the steep slope of the site. The house includes a double garage, kitchen, dining room, living room, three bedrooms, two studies, a library, four bathrooms and a sauna on the lower floor. Excluding the garage, the house has a surface area of approximately 3,100 square feet. The reception rooms are located at street level, while the upper and lower floors are reserved for more private rooms. The architect has created a very open construction by providing each floor with exterior terraces.

The lift is installed in a circular tower situated on the ocean-facing facade, covered in galvanised laminated metal. This tower also houses part of the chimney, which appears on

the outside as a square red block, contrasting with the cylindrical block containing the lift in a play on angular forms and colour. The floor of the lift slopes in the direction of the house, thus exaggerating its rounded form.

Fitzgibbons has used straight and angular lines to delimit the planes in this design, where the windows filtering the light play an extremely important role. Both inside and out, the separate volumes come together to establish a dialogue. The forms are repeated on various scales and in modified ways, making the construction conform to a series of details which fuse into a homogeneous whole.

El programa de actuación que se planteó Fitzgibbons fue complejo. Se trataba de renovar un edificio que constaba de dos pisos, cada uno de ellos dúplex, realizando una ampliación de aproximadamente unos 93 metros cuadrados; de esta forma se consiguió que todo constituyera un conjunto homogéneo, ya que antes de esta intervención se debía salir al exterior para acceder de una planta a otra.

Una vez realizada la reforma, la construcción, vista desde el exterior, aparece como un bloque de sólo dos plantas; sin embargo, a medida que se desciende de la colina sobre la que se asienta, se llegan a distinguir los cuatro pisos que en realidad la conforman, además de una terraza con piscina.

Asimismo, su imagen global es la de un rectángulo totalmente compacto con indicios de un cierto movimiento, proporcionado por el desnivel del terreno: Fitzgibbons ha logrado con su actuación crear un contenedor biforme que, en su alzado principal, orientado hacia el norte, presenta

The interior spaces are connected horizontally and vertically. The height of the ceilings varies considerably from 7 to 24 feet.

Los espacios interiores están relacionados horizontalmente y, a su vez, se interconectan, entre sí también de forma vertical. La altura de los techos varía considerablemente entre 2,10 y 7,30 m.

un dominio de líneas rectas y simples, mientras que la fachada posterior está determinada por formas más complejas que quedan reflejadas en el interior de la casa.

Los distintos niveles del edificio han quedado comunicados en el exterior por escalerillas de pocos peldaños, a través de las cuales se puede llegar desde la terraza superior hasta el nivel de la piscina. Así se sostiene aparentemente una forma que ha salido a flote desde la masa principal, a fin de definir un plano en la fachada este. El alzado meridional sigue el dibujo de la parcela en un ángulo de 10 grados, que desaparece al llegar al plano artificial del suelo formado por la piscina.

The same pale yellow metal tubing and metallic mesh used for the safety bannisters and railings is employed both inside and outside the house. Outside, the floors are finished with oak planking, while the interior is tiled throughout. The interior walls are all white.

Los mismos tubos de metal de color amarillo pálido, así como la tela metálica que hace la función de baranda, se encuentran tanto en el interior como en el exterior de la casa. El pavimento interno es de láminas de madera de roble, mientras que el exterior está recubierto de baldosas. Dentro, las paredes están blanqueadas.

The angular forms and straight lines which define the building on the exterior are repeated inside, including a complex curved wall which modifies the curved plane of the ceiling in the entrance hall. It is made of handworked copper, moulded into undulating forms to reflect the natural light coming in through clear glass skylights in the ceiling. The sunlight filtering in spreads a warm, rosy glow when reflected by the copper.

Las formas angulosas y las líneas rectas que definen el contenedor en el exterior se repiten en el interior, incluyendo un complejo muro curvo, que modifica el plano del techo en la entrada. Su superficie está trabajada artesanalmente en cobre, a base de grandes ondulaciones, para reflejar la luz exterior que se introduce en la vivienda a través de las claraboyas abiertas en la cubierta. Los rayos solares que se filtran disipan una luz cálida que adopta un tono rosado al rebotar con esta pieza de cobre.

El plano trasladado que constituye el alzado principal se repite, pero como viga voladiza, en la fachada este. El paramento curvo coloreado se recoge como un muro sobresaliente, por detrás de la masa voladiza, en la fachada este. Aquél, doblegado, se envuelve alrededor de la pared exterior orientada hacia el sur en una curva compleja y se desliza dentro de la primera porción de la casa. Incide posteriormente en la L formada por la masa más baja, que se extiende hacia la vista de la ciudad y hacia el sur.

El gran volumen que constituye la entrada a la casa y que ocupa dos niveles se consigue estrechar con el plano curvo de acero estucado situado en el techo. El bloque ondulado de superficie tersa y uniforme contrasta con las paredes de arena blanca.

Tal y como se ha señalado anteriormente, la construcción se desarrolla en cuatro plantas, aprovechando la pendiente del terreno. El programa de servicios se resuelve con un garaje biplaza, cocina, comedor, sala de estar, tres dormitorios, dos despachos-estudio, biblioteca, cuatro baños y una estancia en el piso inferior, donde se ha planeado colocar una sauna. Excluyendo el garaje, la casa dispone de casi 290 metros cuadrados. En el nivel de acceso desde la calle se encuentran las estancias de vida común o funciones públicas, mientras que en el superior e inferior se inclu-

yen los espacios privados y más tranquilos. Fitzgibbons ha abierto toda la construcción creando en todas las plantas terrazas exteriores.

El eje del ascensor está contenido en una torre circular, situada en la fachada que da al mar, cubierta por una lámina metálica galvanizada. Esta torre abraza parcialmente la chimenea, que aparece externamente como un bloque cuadrado de color rojo, que contrasta con el bloque cilíndrico que incluye el ascensor, por su forma angular y su color. El suelo del elevador está inclinado en dirección a la masa de la vivienda, exagerando así su forma redondeada.

13 A House in Barcelona

By Joan Maria Pascual of Estudio P.S.P.

This three-storey house was constructed on an irregular ground plan. Two storeys have a glazed uniform wall, with a garage on the other floor. A stairway links the three floors and is supplemented by a small lift. The ground floor includes a kitchen and two large living rooms, open to the exterior as a result of the plate glass wall, which overlook the swimming pool. The layout of the first floor includes four bedrooms, each with a bathroom suite and a small work area. The billiard and games room on the top floor has a splendid view over Barcelona. The house outside is surrounded by a terraced garden which,

The house is located in the upper district of Barcelona on a steeply sloping site. The building offers magnificient views over the city.

Esta construcción se encuentra emplazada en la parte alta de la ciudad de Barcelona, sobre un terreno que muestra una pendiente pronunciada, disfrutando, por su situación privilegiada, de magníficas vistas sobre la ciudad.

like the built-in swimming pool, follows the exact contours of the land.

One of the principal concerns of the studio was the lighting. The light and warmth so typical of the Mediterranean have been exploited to the full and make the interior bright and cheerful all year round.

The huge plate glass wall plays a major role in the building and there are a large number of other windows set into the facades; hence, the interior is closely linked to the exterior. The garden and greenery outdoors are reflected in the glass and it makes it seem as though there are no physical barriers between. The desire to join both worlds comes over also in the construction of the swimming pool,

This huge picture window is the main protagonist in this construction; together with the large number of openings in the wall, it constitutes the interface of exterior and interior.

Esta gran cristalera es el elemento protagonista de esta construcción y, junto con el gran número de aberturas que cubren las paredes, constituye el nexo de unión entre el exterior y el inte-

which has been built as a part of the structure of the house.

There is also a feeling of cohesion inside the house. General finishes have been chosen for their uniformity.

Joan Maria Pascual and his P.S.P. studio, in partnership with the interior designers Ernest Ameller and Xavier Prats, have succeeded in creating a comfortable home equipped with the most modern conveniences which is a splendid example of good taste and exquisite decor. The design has channelled the possibilities of the vast amounts of light and privileged location which the house enjoys, turning it into an unusual and ideal space at any time of year.

Sobre una base irregular se levanta esta casa de tres pisos, dos de ellos unidos por un gran paramento acristalado vertical y por el nivel del garaje. Una escalera, apoyada por un pequeño ascensor, sirve de nexo de unión entre los tres niveles.

La planta baja se encuentra ocupada por dos salas de estar de grandes dimensiones que se abren al exterior gracias al muro acristalado vertical, mirando a la piscina, y por la cocina. En el primer piso, se distribuyen los cuatro dormitorios, cada uno con su baño y con un pequeño sector de trabajo. La zona de billar y juego, en la planta superior, ofrece una vista privilegiada sobre Barcelona. Ya en el exterior, la casa se encuentra rodeada por un jardín escalonado que se adapta perfectamente a las condiciones topográficas del terreno y una piscina integrada a la vivienda.

La captación de luz constituye una de las preocupaciones básicas para el Estudio P.S.P. en la construcción de esta vivienda. Por un lado, se trataba de aprovechar al máximo la iluminación y el calor solar, tan característicos del clima mediterráneo, ya que estos elementos naturales dotan al interior de un ambiente alegre y de gran transparencia durante todo el año.

Esta gran cristalera es el elemento protagonista de esta construcción, y junto con el gran número de abertu-

The flooring and staircases are all in parquet which has been stained the same colour throughout, whereas the doors and furniture are all in beige. As a personal note of contrast, maple root has been used for details such as the cylindrical columns in the living rooms.

Los suelos y la escalera están recubiertos de parquet color *merbau* y las puertas y muebles están lacados en beige. En contraste, se ha empleado la raíz de erable en detalles como las columnas cilíndricas de las salas de estar, en la zona de la chimenea y en algunos detalles de los muebles integrados.

The furniture in the kitchen is in white with stainless steel fittings and grey stone flooring, and walls faced with pearl grey granite.

En la cocina, los muebles son en blanco con remates en acero inoxidable, sobre un pavimento de gres color gris y con las paredes recubiertas en granito gris perla.

ras que cubren las paredes, constituye el nexo de unión entre el exterior y el interior. El jardín y toda la vegetación que lo compone se reflejan en los cristales creando un efecto ilusorio que parece borrar toda la barrera física, ya prácticamente inexistente. Este deseo de unificar se manifiesta también en la construcción de la piscina, que se encuentra totalmente integrada en la estructura de la casa.

Gracias a la gran cantidad de luz natural de que disfruta la casa y sus posibilidades de canalizarla, junto con su situación privilegiada, la construcción se configura como un espacio singular y perfecto para cualquier época del año.

Special attention has been paid to the bathrooms. The master bathroom, which forms part of the bedroom suite, is in Arabescato marble with the walls decorated in Venetian stucco. One of the other three bathrooms is decorated in the same stucco and has a glass dresser top with a stainless steel basin that contrasts with the other two more conventional sanitary units.

Los baños han requerido una atención especial: el principal, que se encuentra integrado en el dormitorio, está realizado en mármol, combinado con paredes en estucado veneciano. De los tres restantes, uno también se ha tratado con pintura veneciana y dispone de una encimera de cristal con lavabo en acero inoxidable. Las otras dos piezas son de concepto más formal.

14 A House in Mexico
By Agustín Hernández

This house is an unusual aerial construction; it is supported on a tall structure composed of a double concrete wall 35 m high with a circular opening at the very top which is traversed by a steel prism and the six triangular modules which form the main body of the construction. The vertical support is penetrated horizontally by a three-dimensional structure.

The large difference in level between the lower end of the site and the upper end, where the main entrance is located, was one of the factors which prompted this architectural solution and led to the close relationship between the structural problems and those of the construction process.

The area, a residential suburb of Mexico City, is not particularly attractive owing to the diverse medley of architectural criteria and construction typology, which has created a general confusion. Above it all the controversial house by Hernández emerges proudly, provoking comment and scandalised reactions.

En esta zona residencial de Ciudad de México, el entorno no es especialmente agraciado, ya que la diversidad de criterios arquitectónicos y constructivos han derivado en un desorden generalizado. Por encima de todo ello, la Casa Hernández se alza orgullosa y polémica, originando no sólo comentarios, sino también escándalo.

Hernández's design for the external space at ground level is very different from the aerial plan. Here he keeps strictly to the changes in level of the land through vertical, horizontal and diagonal planes in the swimming pool, changing rooms, terraces and garden, linked by concrete staircases which emphasise the different planes.

En lo que se refiere al espacio externo, Agustín Hernández presenta una solución terrestre diferente a la aérea: apegándose a los desniveles del terreno, mediante verticales, horizontales y diagonales, en la alberca, vestidores, terrazas y jardín, unido todo por escaleras de hormigón que remarcan externamente los planos.

The house, whose constantly changing gardens are the sky itself, has a profund symbolic meaning. Its magical geometry creates a volume which seems impossible to the eyes of the uninitiated. The house evokes the human desire to dominate space by conquering the impossible: the void.

La vivienda, cuyos jardines, siempre cambiantes, son el mismo cielo, tiene un profundo sentido simbólico, conseguido con una geometría mágica y un volumen que parece imposible a los ojos del profano. La construcción evoca el anhelo humano de dominio del espacio por conquistar lo inaccesible.

The superstructure of the house is supported at two points: one at the same level as the entrance from the street and the other integrated into the construction at a distance, measured horizontally, of 2.30 m. The architectural concept in the treatment of the transverse section consists of five floors on the two symmetrical bilateral axes. The result is a three-dimensional structure with large projections, enhanced by the length of the total distance from one end to the other of the projecting wings. The pseudo-industrial form of the building gives rise to an unusual arrangement of external walls: one upper and one lower. The intricacy of the structure, and the great height at which it is built, made necessary a careful and complex construction procedure.

The superstructure was built with metal hoops measuring multiples of 2.30 m, with the exception of the projections at the entrance, where they are 11 m. Two parallel beams above and two below were placed as basic supports in the construction of the metal prism, which is bolted to the upper beams and rests on the lower ones. The beams were integrated into the structural frame as visible secondary elements.

Corners have been created inside the house which have been made inviting and cosy through the use of wood and textiles, while still remaining in harmony with the overall configuration of the house.

En el interior se han creado rincones que, en consonancia con la configuración totalizadora de la vivienda, el uso de la madera y los recursos textiles, se han convertido en acogedores.

*E*sta casa aparece como una singular estructura aérea para aprovechar la pendiente: un alto soporte volumétrico formado por una doble pared de hormigón de 35 m de altura, con una abertura circular en su extremo superior atravesada por un prisma de acero, con seis módulos espaciales triangulares que forman el cuerpo de la construcción. Un soporte vertical con la penetración horizontal de una estructura tridimensional.

El gran desnivel entre la parte inferior del terreno y la superior, que corresponde a la entrada principal, fue uno de los factores que inspiró la solución arquitectónica y planteó la problemática estructural en íntima relación con el procedimiento constructivo. La superestructura de la vivienda se apoya sobre dos puntos: uno al mismo nivel que la acera de la calle desde la entrada, y el otro integrando la construcción con 2,30 m de separación horizontal. La concepción arquitectónica en el tratamiento de la sección transversal contempla cinco niveles sobre dos ejes bilaterales de simetría. Se logró una estructura tridimensional y grandes voladizos, favo-

The architectural solution fulfils the prerequisites of form and, according to the architect, has meant savings on construction costs, as the hollow supporting structure of the building has been used for utility rooms, storage space, a bar, cellars and water tanks.

La resolución arquitectónica de la vivienda responde a los requisitos previos de forma y, según el arquitecto, permite economizar gastos de construcción al ocupar el espacio estructural hueco que sostiene el cuerpo de la casa con lugares de servicio, alacenas, bar, bodega y depósitos de agua.

The house is divided into five floors. The middle level, the largest, contains the living area, kitchen and a bathroom; on the floor below there are two bedrooms with their respective bathrooms; the floor above houses the master bedroom with a jacuzzi. On the remaining floor there are quarters for domestic help, under which there is the utility room and a gallery for the piping system.

La vivienda está dividida en cinco niveles: el central, el más amplio, dispone de los espacios de recepción, cocina y un baño; bajo este último hay dos habitaciones y sus servicios correspondientes; en el superior, el dormitorio principal; finalmente, en otra de las plantas se han situado las estancias para los empleados, bajo los cuales se ubica el cuarto de máquinas y la crujía de los conductos del sistema de servicios.

recidos por la gran dimensión final entre uno y otro sentido. La forma de nave que adopta esta residencia impone la vista de fachadas singulares en la arquitectura: la superior y la inferior. La estructura y la gran altura en que está enclavada la casa exigieron un cuidadoso y complejo procedimiento constructivo.

En términos generales, la superestructura se trabajó con anillos metálicos de 2,30 m y sus múltiplos, a excepción de los volados en la entrada que son del orden de 11 m. La colocación se realizó con dos viguetas paralelas arriba y dos abajo, que actuaron como soportes básicos para hacer el montaje del prisma metálico, atornillándose a las de arriba y apoyándose en las de abajo.

Beach Houses
Casas en el Mar

1 Single Family Dwelling on Long Island

By Steven Haas

The axonometric plans of this house show the interplay of curvilinear spaces inside the basic rectangular shape of the building. Beside the front entrance to the building, one of the more private areas, there is a croquet lawn and a badminton court, dominated by a beech tree which is over two hundred years old. The house is built on two floors: the ground floor, housing the social areas, and the upper floor, which is the more private, nighttime area.

The main access to the house is from the rear, through a door beside the garage, which can house a number of vehicles. On the left of the hall there is a service area. The principal space on this floor looks out over the sea to the south. This enormous room houses the living room, a television corner, a fireplace, the dining room and the kitchen, which is only separated from the rest of the space by a sort of counter. The study-library, located behind this living area, is the only room enclosed by a solid wall.

The master bedroom, on the first floor, a large suite with a dressing

This residence is located on the famous Atlantic coast of Long Island, in the State of New York, U.S.A..

En la conocida isla de Long Island, situada en la costa atlántica de los Estados Unidos y perteneciente al estado de Nueva York, se encuentra ubicada esta vivienda unifamiliar.

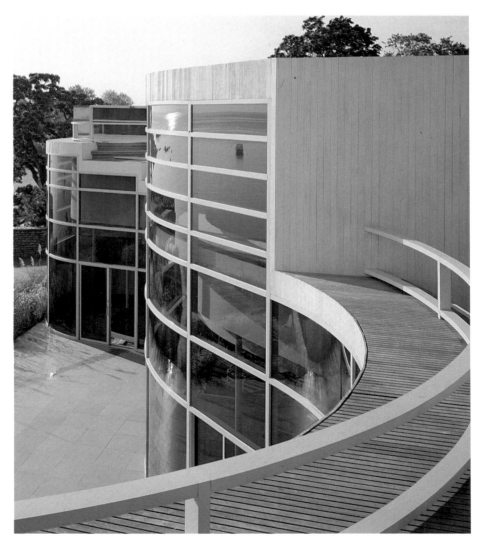

Outside, between the house and the water, a series of sea walls, decks, plantings and the beach itself are connected by teakwood decks anchored to the ground, affording pleasant walks.

En el exterior, entre la casa y el agua, diques, terrazas, plantaciones y la playa quedan conectados por una serie de tablas de madera de teca fijadas en el terreno, que permiten un agradable paseo.

room and a spectacular bathroom, gives onto a large uncovered deck. The two single bedrooms on this floor also have direct access to an outdoor space. On the other side of this floor there is a games room for the children. The two levels are physically connected by a wooden staircase in the nucleus-room, and linked visually by a series of voids which penetrate both floors and allow natural light to reach the ground floor.

The site where Steven Haas built this residence has a total area of only one acre in a neighbourhood where the houses are very close to one another. The architect´s aim, therefore, was to capture the spectacular panoramic views offered by the site while excluding neighbouring houses from the view. In order to maintain this privacy, a series of architectural and textural devices were introduced such as the undulating glass wall facing the ocean, flanked by two solid granite and slate walls.

This safe haven is built only sixty feet from the shoreline, has built sur-

The dramatic impact of this construction is largely a result of this sinous glass surface, which appears to move as it reflects the surrounding land and seascape.

A causa de esta superficie acristalada, la vivienda causa un gran impacto, ya que parece moverse y refleja todo el paisaje circundante.

face area of square feet, 7,000 m² and is constructed in granite, slate, glass, steel, mahogany and teak. It was designed to withstand the strong northerly winds which can sometimes reach speeds of up to 120 mph. This meant that the architect and his collaborators had to push technology to its limits.

Very few of the rooms in the house are totally enclosed; even the interior lapping pool flows visually through floor-to-ceiling doors into the kitchen and dining room. Stepped soffits with concealed lighting follow a rising line up to a series of skylights over the still water.

Los planos axonométricos de esta vivienda muestran el juego de espacios curvilíneos dentro de la forma básica rectangular que define su base. Al lado de la entrada frontal a la edificación, una de las partes más privadas, hay un campo de croquet y otro de badminton dominados por un haya de más de doscientos años.

La casa presenta dos niveles diferenciados: la planta baja, que contiene todas las zonas de relación, y el primer piso, área de noche y más íntima.

Se accede por la parte trasera, a través de una entrada que se encuentra junto al garaje, con espacio para numerosos vehículos.

A mano izquierda partiendo desde el hall, se halla una estancia para el servicio y anexos. Cara al mar, en la orientación sur, se ha ubicado la pieza primordial de la planta: una enorme dependencia que unifica la sala de estar con un rincón frente al hogar y otro para ver la televisión, el comedor y la cocina, tan sólo separada del resto por una especie de mostrador. Detrás del salón se emplaza el estudio-biblioteca, la única estancia que disfruta de paredes sólidas que la aíslan.

El dormitorio principal está en el piso superior, una gran suite con vestuario y un baño espectacular, que se

The basic concept of the design is very simple: water and a place to live, only separated by an absolutely transparent glass curtain wall.

Esta obra arquitectónica se configura a partir de una concepción muy simple: agua y un lugar donde habitar, separados tan sólo por una pared de cristal, totalmente transparente.

abre a una gran terraza descubierta. En este mismo nivel, dos habitaciones simples tienen también acceso directo a un espacio al aire libre y, enfrente, completa la planta una habitación de juegos para los niños. Ambos niveles se unen mediante una escalera de madera situada en la pieza-núcleo y, desde otro punto de vista, a través de una serie de espacios abiertos a la parte inferior que permiten la entrada de luz natural.

El solar donde Steven Haas construyó esta vivienda disfrutaba únicamente de un acre de superficie, en un lugar donde las casas vecinas se encuentran muy cerca unas de otras. El objetivo del arquitecto era el de conseguir capturar las fabulosas panorámicas que el emplazamiento ofrece y, a la vez, evitar la vista de otras construcciones cercanas. Para mantener este carácter privado se

The interior decoration, carried out under the direction of the architect himself, is not at all elaborate, but rather emphasises the clean lines and transparency of the interior spaces.

La decoración interior, dirigida por el propio arquitecto, no es en absoluto recargada, sino que favorece la nitidez y transparencia de los espacios.

This New York residence built by Steven Haas is distinguished by curvilinear geometric surfaces. It has been called Marble Hall.

Las formas geométricas curvilíneas distinguen esta residencia de Nueva York construida por Steven Haas, que ha sido denominada Marble Hall.

introdujeron una serie de disposiciones y texturas entre las que destaca el diseño de una sinuosa pared acristalada de cara al océano, flanqueada a sus lados por dos muros sólidos de granito y bandas de pizarra.

Este refugio seguro se levanta a tan sólo sesenta pies de la línea marina y se conforma como una construcción de 7.000 pies cuadrados, hecha de granito y pizarra, de cristal y acero, de caoba y teca, y está pensada para soportar los fuertes vientos del norte, que a veces alcanzan las 125 millas por hora. Esto hizo que el arquitecto y sus colaboradores tuvieran que explotar la tecnología hasta llegar al límite.

Muy pocas habitaciones de la casa están completamente cerradas; incluso la pequeña piscina interior fluye visualmente, a través de las puertas que van de suelo a techo, hacia el interior de la cocina y el comedor. Los sofitos escalonados con luces ocultas siguen una línea ascendente hasta llegar a una serie de tragaluces sobre las calmadas aguas.

2 A Single-Family House in Malibu, California (USA)

By Richard Meier & Partners

The land chosen for constructing this building consists of three flat and adjacent plots facing Malibu Beach, California.

This dwelling is laid out on an L-shaped basis and is divided into two floors: the family area and the rest area. The main access is from the north side, from which, passing through a covered hallway, one reaches a split-level vestibule with a glass-covered surface. This space leads to the large sitting room, dining room, kitchen and toilets, interior patio and guest rooms. Ascending the stairs to the second floor, connected to the first floor by the open space of the sitting room, there is a suspended bookcase opening onto the lower level. Several bedrooms and a suite with dressing room and bathroom complete the basic layout.

This freely flowing spatial sequence is complemented by a previously existing tennis court, in the south section, and by a newly built narrow swimming pool, on the west side.

The whiteness of the walls and ceilings plays a leading role both inside and outside the house.

El color blanco que cubre paredes y techos se convierte en protagonista tanto dentro como fuera de la casa.

As his principal challenge, the architect Richard Meier intended to create a considerable degree of communication between the exterior space and the interior of the building which, above all, would be established from the family rooms in the dwelling. For this reason the sitting room opens directly onto an interior sea-facing patio with magnificent views, which enable one to enjoy the marvellous climatic conditions of this temperate region. In reality, most of the surface area has large windows, reinforcing this spirit of spatial fusion, which was the arquitect´s source of inspiration. Particularly at night, when the house is completely illuminated, the glazing makes it appear almost entirely transparent, thus definitively uniting the dwelling with its surroundings. During the day, however, communication is established by a hedge which follows the line of the garden and acts as a break between the swimming pool and the sea horizon, contrasting the shades of blue.

Similarly, the materials and resources which are repeated inside and

Most of the surface area has large windows, reinforcing the spirit of spatial fusion, which was the arquitect´s source of inspiration.

Grandes ventanales cubren las paredes en la mayor parte de sus superficies, reforzando este espíritu de fusión espacial que es fuente de inspiración para el autor.

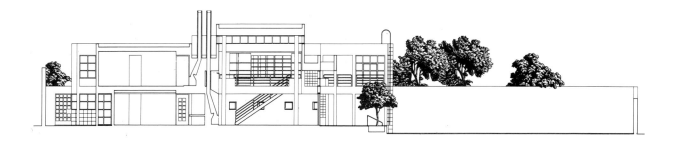

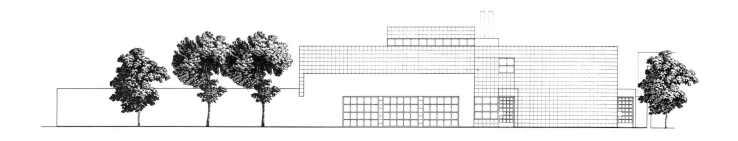

outside the property manifest, in a more specific manner, the same enthusiasm. Hence, the white metal handrails which mark the boundaries of the building and protect the balconies and terraces complement those on the stairs, or that which can be seen in front of the bookcase, dominating the whole of the sitting room from above. A classical architectural component, the column, in circular or rectilinear form, was incorporated as one of the features which – from any perspective – gives this building a distinctive appearance. On the other hand, the whiteness of the walls and ceilings plays a leading role both inside and outside the house.

Another significant aspect of this project is the use of latticework and skylights, which serve to modulate and control the ever changing Californian light. As a consequence, excess heat and light are filtered, whilst inside there is an interesting play between shadows and reflections.

The rectilinear geometric forms which dominate and characterise the whole of the structure of the building, contrast with the undulating wall in the sitting room, which opens onto the interior garden, producing a strange feeling of movement.

Particularly at night, when the house is completely illuminated, the glazing makes it appear almost entirely transparent, thus definitively uniting the dwelling with its surroundings.

Especialmente durante la noche, cuando la casa está completamente iluminada, las cristaleras producen una transparencia casi absoluta que unifica de forma total la vivienda y su entorno.

The sitting room opens directly onto an interior sea-facing patio with magnificent views, which enable one to enjoy the marvellous climatic conditions of this temperate region.

La sala de estar se abre directamente a un patio interior orientado hacia el mar con unas vistas espléndidas, lo cual permite disfrutar de las maravillosas condiciones climáticas de este lugar templado.

El terreno elegido para levantar esta edificación es la suma de tres parcelas adyacentes y llanas emplazadas frente a la playa de Malibú, en California.

Esta vivienda se desarrolla desde una base en forma de L y presenta una distribución en dos plantas: la zona de relación y el área de descanso. El acceso principal se realiza por el lado norte desde donde, atravesando una entrada protegida, se llega a un vestíbulo de doble altura que presenta una superficie acristalada. Este espacio lleva a la gran sala de estar, al comedor, cocina y servicios, al patio interior y a las estancias destinadas a los invitados. En el segundo piso, conectado con el primero a través del espacio abierto de la sala, se encuentra, subiendo por las escaleras, una librería colgante abierta al nivel inferior. Varias habitaciones dobles y una suite, con vestuario y baño, completan básicamente su distribución.

Esta secuencia espacial que fluye libremente se complementa con un campo de tenis ya existente, en la parte sur, y con una estrecha piscina de nueva realización, en el lado oeste.

El arquitecto Richard Meier se propuso como reto principal crear un alto nivel de comunicación entre el espacio exterior e interior de esta construcción, que se establecería, sobre todo, desde las estancias de relación de la vivienda. Por ello, la sala de estar se abre directamente a un patio interior orientado hacia el mar con unas vistas espléndidas, lo cual permite disfrutar de las maravillosas condiciones climáticas de este lugar templado. De hecho, grandes ventanales cubren las paredes en la mayor parte de sus superficies, reforzando este espírtiu de

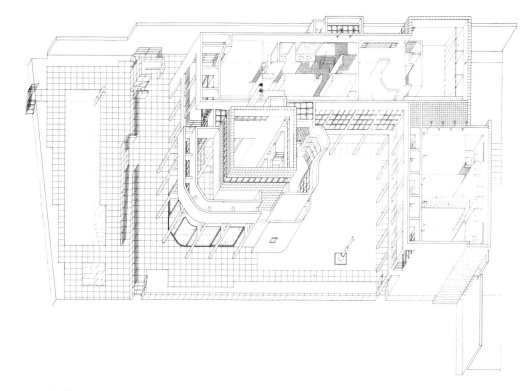

Rectilinear geometric forms dominate and characterise the whole of the structure of the building.

Formas geométricas rectilíneas predominan y caracterizan toda la estructura de la construcción.

fusión espacial que es fuente de inspiración para el autor. Especialmente durante la noche, cuando la casa está completamente iluminada, las cristaleras producen una transparencia casi absoluta que une definitivamente la vivienda y su entorno. Durante el día, sin embargo, la comunicación queda establecida por un seto que resigue el jardín y que aparece como paréntesis entre las aguas de la piscina y el horizonte marino, contrastando azules.

Por su parte, los materiales y recursos que se repiten dentro y fuera de la finca manifiestan, de manera más concreta, este mismo afán. Así, las barandillas metálicas pintadas de blanco, que delimitan la construcción y que protegen balcones y terrazas, se complementan con la de la escalera o la que se encuentra delante de la librería, dominando desde arriba todo el estar; un elemento arquitectónico clásico, la columna, se constituye como uno de los rasgos que caracterizan esta construcción desde cualquier perspectiva y se manifiesta en forma circular o rectilínea. Por otro lado, el color blanco que cubre paredes y techos se convierte en protagonista

Another significant aspect of this project is the use of latticework and skylights, which serve to modulate and control the ever changing Californian light.

Otro aspecto importante de este proyecto consiste en un sistema de celosías y claraboyas que sirven para modular y controlar la siempre cambiante luz de California.

tanto dentro como fuera de la casa.

Otro aspecto importante de este proyecto consiste en un sistema de celosías y claraboyas que sirven para modular y controlar la siempre cambiante luz de California. Los excesos de calor y sol quedan, pues, tamizados, a la par que en el interior del contenedor se proyectan interesantes juegos de sombras y reflejos.

Las formas geométricas rectilíneas, que predominan y caracterizan toda la estructura de la construcción, contrastan con la pared ondulante de la sala de estar que se abre al jardín interior produciendo un extraño efecto de movilidad.

Two criteria were taken into account as regards the interior design: simplicity and comfort. Thus, the items of furniture respect the transparency and communication between the different rooms.

En la decoración interior, se han tenido muy en cuenta dos aspectos: la sencillez y la comodidad. Así, las piezas de mobiliario respetan la transparencia y comunicación entre las distintas estancias.

The sofas and armchairs in the sitting room are in soft cream tones, on a similarly coloured carpet, surrounding a low marble table.

Los sofás y sillones del estar presentan tonalidades crema muy suaves, sobre una alfombra de cromatismo semejante, rodeando una mesa baja de mármol.

The decorative elements which provide the brightest colours in this rather sparse and uniform whole are the pictures on the walls.

Los cuadros que recubren las paredes son los elementos decorativos que aportan el colorido más vivo a este conjunto más bien claro y uniforme.

3 Single-Family Dwelling on Great Cranberry Island, Maine (USA)

By Peter Forbes

This beautiful setting, a fusion of sea, open meadow and wild coniferous forest, provided an excellent starting point for the ideas of Peter Forbes, the architect who built this house. The building is raised on pillars and has large expanses of glass typical of seaside houses, combined with a wooden construction more common in houses in the mountains, but in this case very appropriate amid the surrounding vegetation.

The residence is made up of two long pavilions set close together, forming an oblique angle that clearly separates the family accommodation from the guest quarters. At a break

This single-family dwelling is located on Great Cranberry Island, Maine, the easternmost state of the USA. The town is in New England, bathed by the waters of the Atlantic on the Canadian border.

Esta vivienda unifamiliar se encuentra ubicada en Great Cranberry Island (Maine), el estado más oriental de los Estados Unidos, en Nueva Inglaterra, bañado por las aguas del Atlántico en la frontera con Canadá.

between the pavilions, two massive stone chimneys form a gateway allowing passage from the lush woods to the ocean frontage and directing entry into the house, creating a small intermediate patio-courtyard. Both buildings have a single storey. The larger pavilion, used by the family, is crossed horizontally by a third structure which marks the separation between the social and night-time areas. The result is three separate volumes closely linked together. The family area starts at one end of the building with the living area around the hearth, followed by the dining room and kitchen in succession. The other wing, at the opposite end, houses a study and the bedrooms with en suite bathrooms. The guest house is much smaller, and has its own bedrooms and a living-dining room and kitchen. Both buildings have a deck more or less in the centre, commanding marvellous views.

The entire residence is raised on wooden pillars, improving the view while insulating the house from the dampness of the ground. This arrangement also provided a solution to the problems posed by the rocky and irregular surface of the terrain.

Toda la residencia se encuentra levantada sobre pilares de madera, lo cual favorece la calidad de la panorámica ofrecida, disminuye la humedad al no estar en contacto directo con el suelo y elimina los posibles problemas provocados por la superficie rocosa e irregular del terreno a la hora de construir.

The spatial organisation and the geometrical forms are intentionally very simple in order to frame and set off the spectacular beauty of the natural setting.

La organización espacial y las formas geométricas resultan intencionadamente simplificadas con el propósito de expresar y articular el emplazamiento natural de notable belleza.

Structurally and formally, this house by architect Peter Forbes is a series of transverse bearing walls, carrying the roof deck. The walls are pierced by large and small openings to provide a continuous sequence of varied spaces. Free of any load-bearing function, the exterior longitudinal walls are made entirely of sliding glass panels framed in teak and mahogany. This expanse of glass lets in a great deal of natural light, penetrating into every corner of the building. The few interior separating walls rarely reach the floor, and feature window-like openings giving continuity to the space. The almost total absence of doors eliminates all real physical barriers. The glass reflects the surroundings inside the house, metaphorically connecting the interior with the exterior.

The entire residence is raised on wooden pillars, improving the view while insulating the house from the dampness of the ground. This arrangement also provided a solution to the problems posed by the rocky and irregular surface of the terrain.

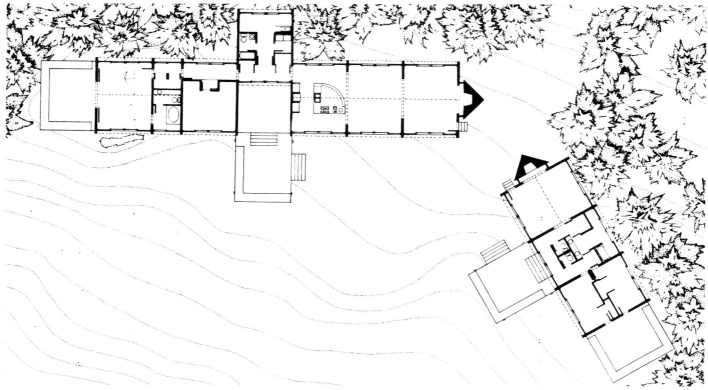

Este hermoso emplazamiento, una fusión de mar, prado abierto y bosques silvestres de coníferas, constituye un magnífico punto de partida para las ideas de Peter Forbes, el arquitecto que ha diseñado esta vivienda. El edificio se erige sobre pilares y presenta grandes superficies acristaladas, típicas de las casas junto al mar, combinadas con las estructuras de madera habituales en las casas de montaña, muy apropiadas en este caso por la vegetación circundante.

Esta residencia consiste en dos pabellones de gran longitud dispuestos uno muy cerca del otro, formando un ángulo obtuso que separa claramente las habitaciones familiares y las de los alojamientos destinados a los invitados. En el espacio que los distingue, dos imponentes chimeneas de piedra originan una especie de pórtico que crea un paso desde los bosques exuberantes al océano, a la par que marca el ingreso a la casa, configurando una plazoleta intermedia.

Ambos cuerpos presentan un solo nivel; el mayor, pensado para los propietarios, se halla atravesado horizontalmente por otro que marca la separación entre la zona de relación y el área de noche. El resultado son tres volúmenes separados pero estrecha-

All of the interior and exterior surfaces are of different types of wood – cedar, mahogany and Douglas fir in various combinations and colours.

Todas las superficies, tanto interiores como exteriores, están hechas a base de madera de una amplia gama que varía desde el cedro y la caoba al abeto.

The architect skilfully achieve his principal objective: to introduce the spectacular surrounding landscape into the very rooms of the house, symbolically bringing man and his work closer to nature.

Peter Forbes, consigue resolver su principal objetivo, es decir, la introducción del paisaje espectacular que rodea la casa hasta el mismo interior de las estancias.

mente vinculados en los que, de extremo a extremo, se distribuyen la sala de estar, con su rincón junto a la chimenea, el comedor y la cocina formando una sucesión continuada y, por la parte opuesta, un estudio y los dormitorios con sus baños correspondientes. La edificación construida para los invitados, de dimensiones mucho más reducidas, dispone de sus dormitorios, así como de un salón-comedor y cocina. Ambos bloques se abren a una terraza-mirador situada más o menos en el centro con unas vistas maravillosas.

Desde un punto de vista estructural y formal, esta vivienda unifamiliar construida por el arquitecto Peter Forbes consiste en una serie de muros de relación transversales que sostienen la plataforma del tejado. Las fachadas se encuentran horadadas por aberturas de todas las medidas con la intención de proporcionar una secuencia continua de espacios variados a través de sus muros de cristal que, libres de cualquier función relacionada con el peso o de soporte, están constituidos por entero de paneles correderos acristalados con marcos de madera de teca o caoba. Este tipo de superficie permite la entrada de una gran cantidad de luz natural que alcanza todos los rincones de la vivienda. Además, los pocos muros interiores de separación, que casi nunca llegan al suelo, presentan huecos a modo de ventanales en favor de una continuidad espacial efectiva. Apenas si existen puertas, con lo cual se eliminan todas las barreras físicas reales. Por otro lado, el vidrio reproduce el entorno, uniendo metafóricamente el interior de la casa y el paisaje circundante.

All of the furniture is wooden, even in the kitchen. The hearth is lined with stone.

Las piezas de mobiliario, inclusive las de la cocina, son también de madera. El hogar interior es de piedra.

4 Single-Family Dwelling in Noosa Head, Queensland (Australia)
By Geoffrey Pie

This two-storey house is built on an irregular ground plan divided into three independent structures. The intermediate structure, which is covered and transparent, serves to link the two ends. The living area occupies one of the other structures, and the third space contains the two-floor garage and an office.

The entrance is on the upper floor, the level used by the owner. The hall leads directly to the kitchen on the left, which opens onto the dining room and living room. The master bedroom with

This house is located in Noosa Head, a beautiful seaside summer resort area in Queensland, Australia. It is built on a site near the top of a hill covered with dense, green bush and inhabited by koala bears.

Esta residencia se encuentra ubicada en la localidad australiana de Noosa Head, en Queensland, un bello lugar marítimo de veraneo, en la parte elevada de un monte de vegetación muy tupida de color verde intenso donde habitan osos coala.

en suite *bathroom is on the northern side. All of these rooms open directly onto an enormous terrace with a rectangular swimming pool, which is set along the outside wall of the owner´s suite.*

The lower floor, adapted to the difference in the elevation of the terrain, was designed to house guests, and is consequently largely independent of the main body of the house.

The garden surrounding the building is planted with a large number of

Because of the pleasant, benign climate, a large part of the day is spent outdoors on the decks, which are therefore large areas furnished with tables and hammocks.

Por el carácter benigno y agradable del tiempo atmosférico, gran parte del día se pasa en la parte exterior de la casa, en las terrazas. Por esto se diseñan tan amplias y se llenan con mesas y hamacas.

native bushes commonly found in Australian bushland.

Geoffrey Pie´s main objective in the design of this single-family dwelling was, undoubtedly, to make it possible to enjoy its orientation towards the sun, the sea breezes and the beautiful views without sacrificing the privacy of the spaces dedicated to night-time living and rest.

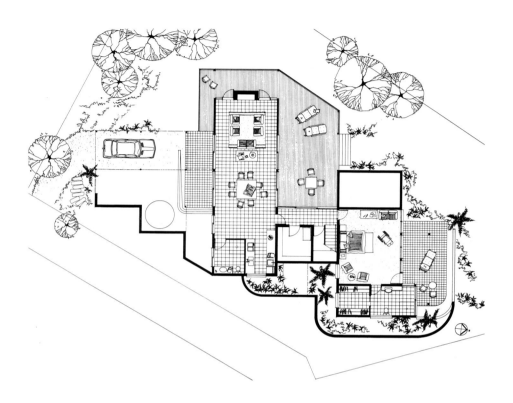

This single-family dwelling, built by the architect Geoffrey Pie, was designed as a seaside refuge for a client confined to a wheelchair. Naturally, this influenced the design of the structure and the layout of the interior space.

Esta vivienda unifamiliar llevada a cabo por el arquitecto Geoffrey Pie fue concebida a modo de refugio, junto a la playa, para un cliente que estaba limitado a una silla de ruedas, hecho que, naturalmente, condicionaba la estructura y distribución de los distintos espacios.

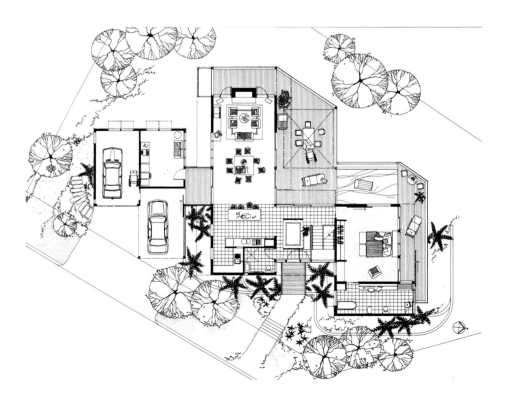

The vertical timber boarding on the outside of the building has been weathered to a pale grey colour which blends in easily with the natural bush surroundings.

El entablado de madera vertical que conforma la parte externa de las paredes se ha ido transformando a causa de las inclemencias del tiempo hasta alcanzar una tonalidad gris pálido que se confunde fácilmente con el color de los arbustos del entorno.

Esta construcción se erige sobre una planta ampliamente irregular que alcanza dos pisos de altura y se configura a partir de tres volúmenes independientes; el intermedio, cubierto y transparente, actúa como nexo de unión. De los otros, uno se constituye como vivienda y el otro como garaje y como oficina.

El acceso a la casa se realiza a través de la planta superior, que es la que utiliza el propietario. El vestíbulo conecta directamente con la cocina, a mano izquierda, que a su vez se abre al comedor y a la sala de estar. En la orientación norte se sitúa el dormitorio principal con su baño correspondiente. Todos los habitáculos mencionados, gracias a la estructura escalonada de la fachada que da al mar, tienen acceso directo a una enorme terraza en la que se emplaza una piscina rectangular, pared con pared con la suite del propietario.

El piso inferior, que se adapta al desnivel del terreno, fue pensado para los invitados y, consecuentemente, disfruta de una gran independencia.

*El objetivo básico de Geoffrey Pie
en la concepción de esta vivienda unifamiliar fue, sin duda alguna, conseguir disfrutar de la orientación al sol,
la brisa marina y las hermosas vistas,
sin que ello significara una pérdida
de carácter privado para los espacios de noche y descanso.*

Large picture windows open to the exterior and the terrace, letting in abundant
sunlight.

**Grandes ventanales se abren al exterior
y a la terraza permitiendo la entrada de
luz en grandes cantidades.**

5 | House in Corsica (France)

By Guy Breton of the GEA Group

This 400-square-metre house is built on two levels on a U-shaped plan. One side extends towards the sea by the terraces and swimming pool, while the other side is more cosily grouped around an entrance patio watched over by an ancient cork oak. The rooms in the house are laid out around this central patio, protected against the violent east winds, but open to the setting sun in the west. In the middle of this space, an unusual geometric structure which houses the living room is the articulation point of the ground floor. The entire building is of wood and glass, both the upper and lower floors, letting in abundant natural light that adds brilliance to the interior atmosphere and decoration.

The walls are clad with ventilated red cedar siding, and the overhanging roofs are covered with cedar shingles, supported by a white wooden truss. On the seaward side there is a terrace,

This exquisite villa is situated in a residential area around a golf course at the southern end of the island of Corsica, France, beside the gentle cliffs of the Strait of Bonifacio.

Esta exquisita villa pertenece a una zona residencial que se desarrolla alrededor de un campo de golf en el extremo sur de la isla de Córcega, junto a los suaves acantilados del estrecho de Bonifacio.

The swimming pool is framed by a wooden border. This deck and the benches on it are made of and finished in the same red cedar as is used in the rest of the house.

La piscina está enmarcada en una placa de madera. Láminas y volúmenes en cedro rojo, como todo el conjunto, revisten el suelo de este espacio.

which is a continuation of the living room inside the building. It functions as a second living room, and includes a dining nook on one side of the pool at a slightly lower level.

To accentuate the views, one of the key elements of this villa´s architecture, a long path borders the pool on both sides.

The interior is also finished in wood, but painted white. This warm, noble material lends an elegant sobriety to the design. The interior decoration is resolved with elegance and simplicity in a chromatic interplay of blues and whites appropiate for a seaside house, which in this villa is distinguished by its beautiful and functional modern design. Along the access road, the south wing houses a service area, garage and kitchen. The daytime living area is in the central geometric

structure, in a single, transparent space, open to the landscape and sheltered by the roof; an impressive living area including a lounge, dining room and kitchen laid out under a superb structure and enclosed by sliding glass doors that link this space to the terraces outside. In the lounge, the simple furniture is of the same material as the house. Some of the furniture in this room is built into the white painted wooden walls, for example the bookshelves, recesses and the fireplace. There is no barrier between the white and very functional kitchen and the lounge. The cupboards in the wall and the wooden counter are made to measure. The dining room on the other side of the counter also has wooden furniture, and the armchairs are upholstered with striped blue and white fabric.

The night-time area is in the north wing. The bedrooms are on both floors off long corridors, reminiscent of staterooms on a boat. The two floors are connected by an exquisite wooden stairway painted white. The mas-ter bedroom communicates visually with the marine landscape and the pool. The children´s bedrooms, simple and also decorated in white, have an informal design, and the guest bedrooms are more refined.

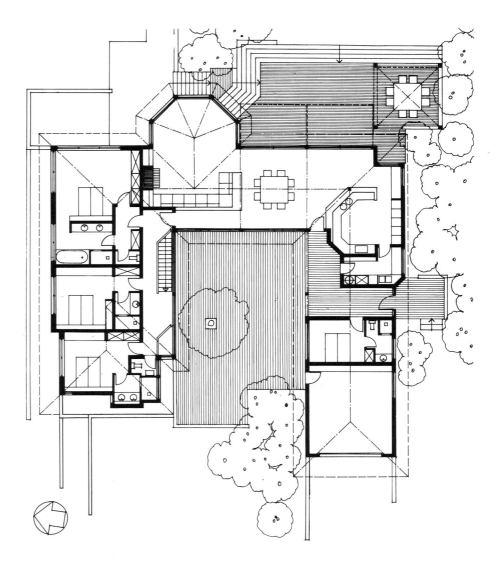

La vivienda, con un área total de 400 m², se asienta sobre un plano en forma de U y se divide en dos niveles. Por un lado se prolonga por las terrazas y la piscina hasta el mar, y por el otro se recoge más íntimamente alrededor de un patio-entrada en el que se erige vigilante un viejo roble. Las diferentes piezas de la construcción se desarrollan alrededor de este patio central para protegerse de los violentos vientos del este y están abiertas al sol de poniente. En el centro de este espacio una peculiar estructura geométrica central que corresponde a la zona de estar se convierte en el punto articulador de la planta baja. Toda la construcción del edificio es de madera y cristal, tanto en la parte inferior

como en la superior, y proporciona una luz natural maravillosa que resalta la atmósfera y la decoración interior.

Las fachadas se revisten de una armadura ventilada de cedro rojo.

Los techos desbordantes están cubiertos de tejas de cedro insertadas en una estructura blanca. En el alzado que se orienta hacia el mar se halla la terraza, que es la continuación de la sala de estar del interior de la vivienda.

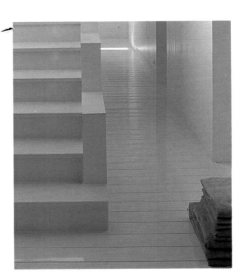

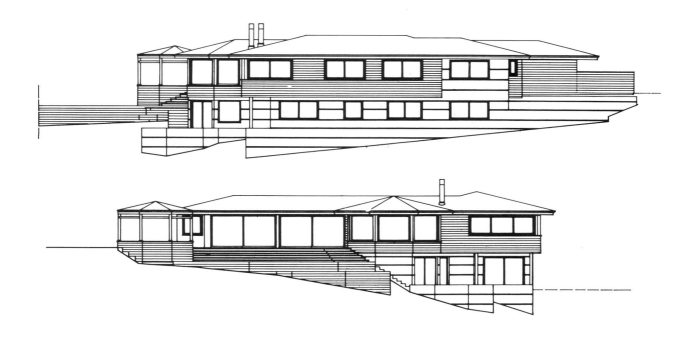

The decoration is almost stark; the simplicity of the teak furniture, the refinement of the blue fabrics and the modernity of the built-in units harmonise perfectly.

La decoración es muy sencilla: la simplicidad de los muebles de teca, el refinamiento de las telas en azul y la modernidad de los elementos concebidos a medida están en perfecta armonía.

Actúa como segunda estancia del salón y en ella hay un rincón-comedor que se dispuso al lado de la piscina, situada lateralmente un poco más abajo.

El interior se realiza igualmente en madera, pero lacada en blanco. Este material, noble y cálido, le confiere al diseño una elegante sobriedad. La ornamentación interior se resuelve con simplicidad y elegancia en un juego cromático de azules y blancos, propio de una decoración marina, pero que en esta villa se distingue por su diseño moderno, funcional y bello a la vez. A lo largo de la carretera de acceso, el ala sur abriga la zona de servicio, garaje y cocina. El área de día corresponde a la estructura geométrica central, en un espacio único, transparente, abierto al paisaje y abrigado por la techumbre: una impresionante zona de estar con salón, comedor y cocina, modelada bajo una soberbia estructura, con puertas correderas vidriadas que permiten que este espacio se prolongue en las terrazas exteriores. En el salón, los muebles son del mismo material que constituye la vivienda, de líneas sencillas, y las paredes, de madera lacada en blanco, configuran parte del mobi-

liario de esta estancia: estanterías integradas, huecos contenedores y la chimenea. Abierta al salón, la cocina es blanca y funcional. La alacena realizada en el muro y el mostrador de madera se ejecutaron a medida. Junto a ella, el comedor tiene asimismo muebles de madera, con los cojines de los sillones en tela rayada azul y blanca.

La zona de noche se ubica en el ala norte. Las habitaciones se encuentran en los dos niveles; se distribuyen por largos pasillos como los de un camarote de barco y se comunican entre sí por una exquisita escalera de madera lacada en blanco. El dormitorio principal comunica visualmente con el paisaje marino y la piscina.

179

6 A Single-Family Dwelling in Cadaqués, Girona (Spain)

By Joan Maria Flores Casas

The main exterior elevation of the building, painted white and with a Spanish tile double pitch roof, looks out over the sea. In front of the enormous portico is a large swimming pool, which one reaches via a set of steps in the same colour as the floor of the portico, a shade of dark blue very characteristic of the deep waters of Cape Creus. To take maximum advantage of space, the pool was built in a corner. The tiling is in white Italian grained marble, thus breaking with the clearly defined visual line of the portico.

All the main rooms in the house have access to the portico, which cov-

View over the bay of Cadaqués on Catalonia´s Mediterranean coast, a town of unique character. This beautiful region was the location for this single-family dwelling on a 6,000 m² plot.

En la bahía de Cadaqués, pueblo mediterráneo de la costa catalana de características singulares, y sobre una superficie de 6.000 m² se ubica esta vivienda unifamiliar.

The design is an example of the conception of a Mediterranean house, in which one should highlight the simplicity of line and the manner in which it is incorporated into the landscape. A large number of wooden framed windows with slatted shutters look out over the portico, all of which are painted white.

Este proyecto es una muestra de la concepción de la casa mediterránea; en él cabe destacar su simplicidad de líneas y su integración en el paisaje. La fachada muestra muchas aberturas acristaladas que dan al porche y la carpintería es de madera, con persianas de librillo del mismo material pintado de color blanco.

ers over 30 metres with no supporting pillars, and to provide more space it is extended in a V-shape in front of the lounge. A rectangular pillar supports the section of roof covering the outdoor kitchen, creating a shadier area and an attractive windowed balcony enclosed by elegant railings.

The hallway leads into the lounge-cum-dining room, a large space which opens onto the portico. The walls have been painted a shade of sienna to maintain continuity of tone with the stoneware porch, and also to contrast with the interior woodwork and the ceiling, which are white. The floor has been laid with a textured carpet.

The walls, the floors and the interior design in general are in the same style as the lounge-cum-dining room. All the bedrooms open onto the portico and as a result the Mediterranean light inundates the entire house, making it extremely bright. On the other hand, the halogen lighting, with several independent circuits, enables the occupants to vary the intensity of the light inside and outside, according to their requirements. Looking at the house as a whole, one can see how all the rooms have been articulated on

The rear elevation, where the porch-cum-garage is situated, is more remote and has been completely whitewashed.

La fachada posterior es más ciega, toda encalada de blanco, y en ella se ubica el porche-garaje.

183

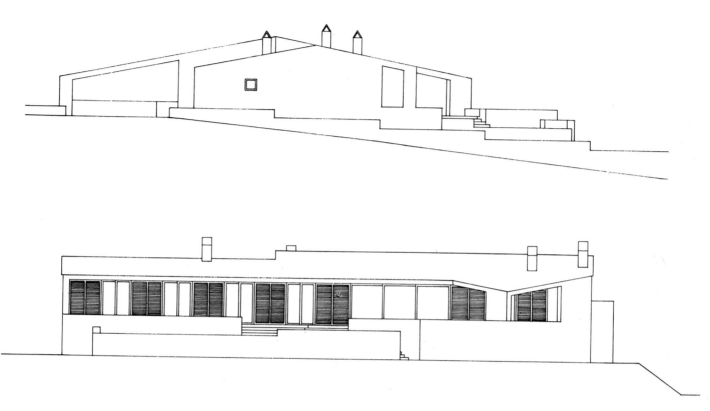

All the main rooms in the house have access to the portico, which covers over 30 metres with no supporting pillars, and to provide more space it is extended in a V-shape in front of the lounge.

Al porche se tiene acceso desde todas las estancias de la casa. Se desarrolla a lo largo de 30 m de largo sin pilares y en él se crea una punta frente al salón para conseguir un espacio de mayor superficie.

a single level, without reducing the independence and scale of the whole building.

This dwelling in the bay of Cadaqués by Joan Maria Flores was constructed in a typically Mediterranean style, both in a its architectural layout and the variety of features incorporated and colours used.

El exterior de la vivienda ofrece una fachada principal con vistas al mar, toda ella en blanco y con cubierta a dos aguas de teja árabe. Hay una gran piscina al lado del gran porche, a la que se baja por unas escaleras del mismo color del suelo del porche, del azul oscuro característico de las aguas profundas del cabo de Creus. Se ha situado en esquina para un mejor aprovechamiento del espacio. Su pavimento es de mármol blanco italiano abujardado, para así romper visualmente con el nivel del porche y que quede bien definida.

Al porche se tiene acceso desde todas las estancias de la casa. Se desarrolla a lo largo de 30 m de largo sin pilares y en él se crea una punta frente al salón para conseguir un espacio de mayor superficie. Esta punta se repite en la cubierta apoyada sobre un macizo de obra, creando un ámbito más sombrío destinado a comedor de verano, y que también hace funciones estéticas de pequeño mirador encuadrado por una fina barandilla.

El programa interior se reduce a un acceso por la parte posterior junto al porche-garaje abierto, consiguiendo así una gran transparencia, y, desde el distribuidor-recibidor, un espacio por el que se accede al salón-

The tiling on the portico is in brown flagstones, identical to those on the staircase, and helps to differentiate the two exterior areas.

El suelo del porche es de baldosas marrones al igual que el de la escalera, actuando de elemento diferenciador de las zonas exteriores del alzado principal.

comedor, que es amplio y abierto al porche. Las paredes se han tratado sobre un remolinado color siena para conseguir una continuidad de tonalidad con el gres del porche y así contrastar también con la carpintería interior y el techo, que son de color blanco.

Todas las habitaciones dan al porche, por lo que la casa goza de una claridad y una luz que llega del Mediterráneo y que lo inunda todo. Por otro lado, la iluminación artificial, tanto interior como exterior, se realiza con luces halógenas, con varios circuitos independientes para conseguir, según las necesidades, varias intensidades de luz. Visto todo el conjunto de la casa se ve como se articulan todas las dependencias en sólo una planta sin restarle independencia y amplitud al conjunto.

La vivienda de Joan María Flores en la bahía de Cadaqués se ofrece como una construcción de estilo típicamente mediterráneo tanto por su configuración arquitectónica como por sus características constructivas y colores empleados en su decoración.

The furniture chosen was in the XVIII-and XIX-century Catalan style, with Italian upholstery and curtains in a wide range of complementary colours.

El mobiliario escogido es de estilo catalán de los siglos XVIII y XIX, y las telas de las tapicerías y cortinas son italianas, con una gama de colores que se complementan.

The dining room, which leads into the kitchenette, with white stoneware flooring, white furniture and a large window providing a considerable amount of light. The floor in the bathroom was tiled in white stoneware, matching the marble.

La cocina-office, con pavimento de gres blanco y los muebles también en blanco, se emplaza junto al comedor de verano. El suelo del baño es de gres blanco, a tono con el mármol.

The key feature is the exterior portico, which provides the structure for all rooms within the house, all of which open onto this terrace area, giving it character and strength.

Destaca como pieza clave el porche exterior de la fachada principal, que es el que configura la estructura de las dependencias de la casa, y al que se accede desde todas las estancias.

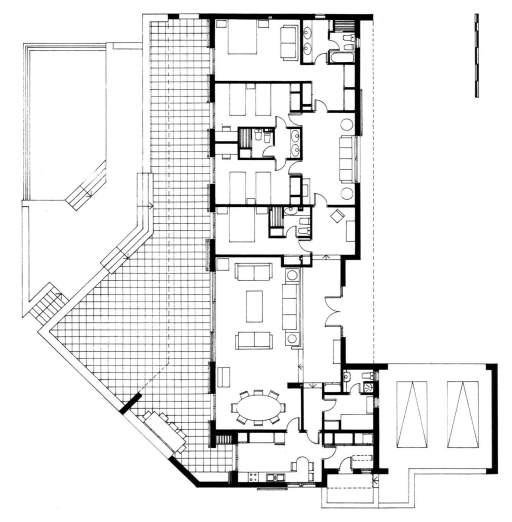

7 | A Single-Family Dwelling in Binissafúller, Minorca (Spain)

By Carlos Ferrater

The building, of some 130 m², was developed on a one-storey ground plan and consists of two main volumes, trapezoidal in shape, which are positioned in two different directions and give it an oblique form, resulting in an open interior space which was utilised by incorporating a triangular patio. By so joining the two modules, the ground plan is given a Y-shape, demarcating an open space which overlooks the porch and shapes the facade facing the sea. The front sections of both units are joined by means of a pergola which converts the facade into a continuous unit, the ends of which culminate in a tripartite arrangement. In this way the porch, which is reached by stairs positioned on the sides of the house, creates a unified front.

The entrance to the building is across the interior patio, which gives access to the corridors in both modules. The longest section, which forms a good visual perspective with the sequence originating in the sitting room, extends to the back elevation and has a portico supported on four columns. Situated in the other unit are the bedrooms and annexes and a cylindrical volume which juts out from the house, where one finds the solarium.

This project is part of a very specific architectural tradition which includes a sound and elementary volumetric definition, the play between white colours and natural light, harnessing the landscape in a continuous dialogue between the building and its

The property is situated in the south of Minorca, between the geographical boundaries of Cap d´en Font and Binissafúller Beach, on the rocky coastline of a small bay flanked by several small islands.

La finca se sitúa en el sur de Menorca entre los límites geográficos de Cap d´en Font y la playa de Binissafúller, sobre la costa rocosa de una pequeña bahía flanqueada por unos islotes.

environment. The design attempts to establish a two-way relationship. In order to solve the conflicts which such a design and construction entail, Carlos Ferrater used two fundamental strategies: the need to provide a structure consistent with the building and the uniformity of the land.

The unification of the plot and, in particular, of the ground plan, was achieved by using a continuous socle around the whole perimeter of the dwelling. Among Ferrrater´s objectives, one should highlight the homogenisation of the irregular surface on which the building was constructed and the incorporation of a border which delineates the ground plan, shaping it as an intermediate space, at a point where the building is integrated with the utility annexes which surround it. At the same time, the socle functions both as a linking feature and as a border, which can be crossed in order to establish contact with the adjoining ancillary facilities. The base, built in Marés stone, provides the access – which gets round the unevenness of the facade facing the sea by means of small stairways in the same

The small swimming pool, positioned next to the front facing of the smaller block, has a curious oval shape, broken by the walls.

La pequeña piscina, adosada al paramento frontal del prisma menor, adquiere una curiosa forma ovalada, interrumpida por las propias paredes.

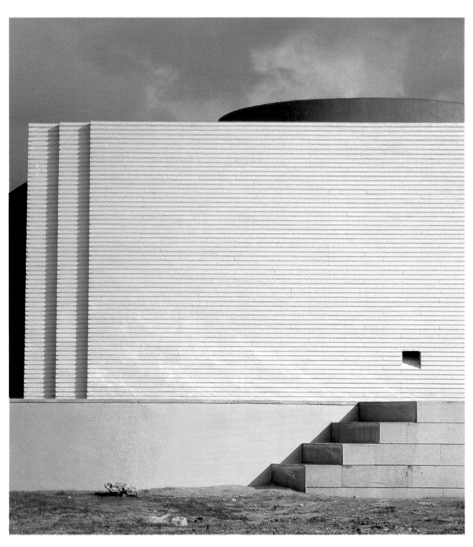

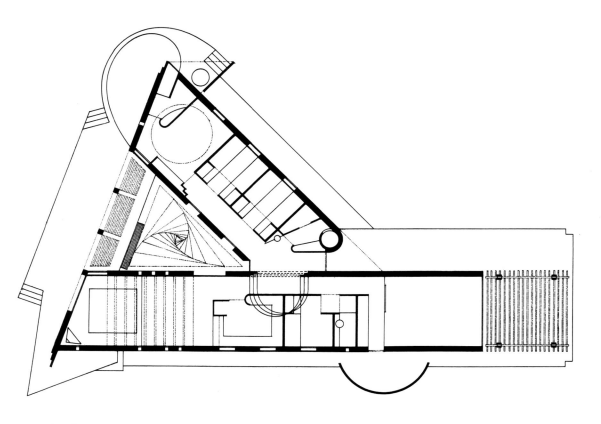

196

stone – in addition to the pergolas, a small swimming pool and outside shower, a curved wall with a barbecue, access to the upper solarium, the patio and front porch. In this way, a ground space is created with a varying geometry which adapts to the layout of the ground plan and the variety of service areas which complement it.

The visual perspective which the dwelling offers from the outside helps to decipher its internal features. On both sides the openings are positioned in a very exact manner so as to direct light to the most important rooms, such as the bedrooms or sitting room. The search for natural light is particularly concentrated in the patio formed by the intersection, which is left uncovered in a vertical direction and only enclosed horizontally by the incorporation of a pergola, which follows the visual framework of the landscape. The distribution of openings on the interior patio provides indirect lighting in the corridors, which lead to the interior of the blocks, giving access to the other rooms.

Inside, the house sets up its own geometric dimensions, in accordance with the volumetric shape of the other units. The criteria for sectioning off each module follow the perpendicular contours of its walls. It is worth mentioning the solution found for the central junction of the interior: the point of convergence was resolved by a series of three-way mobile arches which are positioned at the intervention of the corridors, forming an empty space which serves as an informal vestibule for the external entrance to the smaller block. The air conditioning apertures and vent holes cross, forming currents which penetrate the building from the interior patio.

The house was bult from white brick, in the traditional style of the Balearic Isles, and stucco work in colours which are common in Minorca: ochre, blue and sienna.

La casa se construye con bloque blanco siguiendo la tradición de las islas Baleares, y estucos confeccionados con tierras de los colores que normalmente se encuentran en Menorca: ocres, sienas, azules...

The curved wall alongside the main section makes an unusual contrast with the long rectilinear perspective and forms an imaginary passageway.

El muro curvo situado junto al cuerpo mayor ofrece una curiosa oposición a la larga perspectiva rectilínea, configurando un pasadizo sólo imaginado.

*E*l edificio, de unos 130 m² desarrollados en una única planta, se compone de dos volúmenes básicos, de forma trapezoidal, que se disponen en dos direcciones distintas provocando una oblicuidad, un espacio libre interior, que se resuelve con la ubicación de un patio triangular. Al juntarse los dos módulos, la planta adquiere la forma de Y, delimitando un espacio abierto que da al porche y conforma la fachada orientada al mar. Los paramentos frontales de ambos cuerpos se unifican mediante una pérgola que convierte la fachada en un continuo, que culmina sus extremos en una gradación tripartita. De esta manera, se consigue un frente unitario en el porche, al que se accede a través de unas escaleras colocadas a los lados.

La entrada al edificio se realiza por el patio interior que presenta accesos a los corredores de ambos módulos. El de mayor longitud, que conforma una larga perspectiva visual con la secuencia iniciada en la sala de estar, se prolonga hasta la fachada posterior, provista de un pórtico sobre cuatro columnas.

En el otro cuerpo se ubican los dormitorios y anexos, así como el volu-

The curves help to suggest the idea of movement. The ancillary facilities are mostly circular in form.

Las curvas contribuyen a sugerir la idea de movimiento a partir de los contrastes. Las instalaciones anexas suelen adoptar las formas circulares.

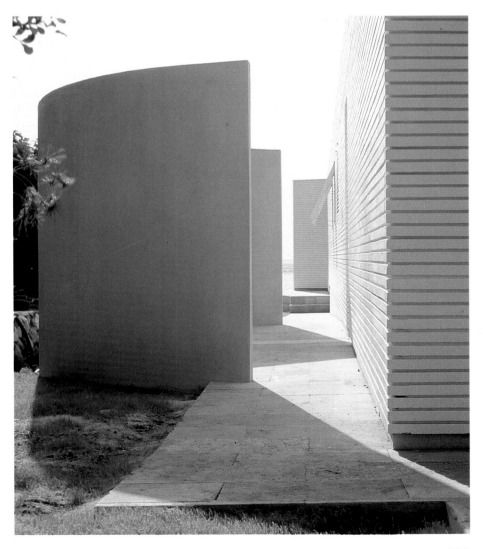

The link between the materials used on both the exterior and the interior is equally apparent in the use of Marés stone, which unifies the external border of the ground plan and was also incorporated for the facing of the walls of the triangular patio.

La conexión material entre interior y exterior se produce igualmente en la utilización de la piedra de Marés que unifica el borde externo de la planta y se introduce para revestir las paredes del patio triangular.

men cilíndrico cerrado que emerge de la casa, donde se dispone el solárium.

Este proyecto se inscribe dentro de una tradición arquitectónica muy precisa que contempla la definición volumétrica consistente y elemental, el juego de colores blancos con la iluminación natural y la captación del paisaje en un continuo diálogo entre el edificio y su entorno. Esta obra pretende establecer una comunicación a doble escala. Para solucionar los conflictos que tal planteamiento ocasionó, Carlos Ferrater utilizó dos estrategias constructivas fundamentales: la necesidad de proporcionar una estructura consecuente con el edificio y la uniformidad del terreno.

La unificación del solar y, en especial, de la planta, se consiguió utilizando un zócalo continuo en todo el perímetro de la vivienda. Entre los propósitos de Ferrater, caben destacar la homogeneización de la superficie irregular en que se asienta el edificio y la construcción de un borde que delimita la planta, configurándose como un espacio inermedio donde se integra el edificio con los servicios anexos que lo circundan. El zócalo funciona, a la vez, como elemento unificador y como límite, susceptible de ser transgredido para establecer la comunicación con las instalaciones auxiliares contiguas. La base, construida en piedra de Marés, acoge en su recorrido los accesos –que salvan los desniveles de la fachada orientada al mar mediante pequeñas escaleras del mismo material– las pérgolas, la ducha exterior y la pequeña piscina, el muro curvo con la barbacoa, el acceso al solárium superior y el patio y porche frontal. Se constituye de esta manera una superficie de geometría variable que se adapta a la formulación de la planta y a los distintos servicios que la complementan.

Los enfoques visuales que la vivienda ofrece desde el exterior ayudan a descifrar las características internas de la misma. Las aberturas, en ambos lados, se disponen de una manera muy puntual para dirigir la iluminación a las dependencias más representativas como los dormitorios o la sala de estar. La búsqueda de la clari-

The interior design is worked out in precise detail, with few but necessary features: the washstands situated in the vestibule at the point of intersection, the small wooden bench on the patio and the staggered floors of the latter and the sitting room, and the halogen spotlights focused on the roof.

El interiorismo se resuelve con detalles puntuales, escasos pero necesarios: el lavamanos situado en el vestíbulo del nudo de articulación; el pequeño banco de madera del patio y los desniveles que se producen en el mismo y en la sala de estar; o la iluminación con los focos halógenos enfocados hacia el techo.

dad natural se concentra especialmente en el patio formado en la intersección, que se deja descubierto en sentido vertical y solamente enmarcado en perspectiva horizontal por la interposición de la pérgola, que persigue el encuadramiento de visuales paisajísticas. La distribución de aberturas en el patio interior permite la iluminación indirecta en los corredores, que se encuentran desplazados hacia los paramentos internos de los prismas en beneficio de las otras dependencias.

En el interior, la casa establece sus propias leyes geométricas, de acuerdo con la configuración volumétrica de los cuerpos. Los criterios de división de cada módulo siguen los trazados perpendiculares a sus muros. Cabe señalar la solución que se otorga a la confluencia interna central: el nudo articulatorio se resuelve con una serie tripartita de arcos móviles que se sitúan

en la intersección de los corredores, formando un espacio vacío que actúa como vestíbulo informal de la entrada exterior del prisma menor. Los orificios de ventilación y aireación se cruzan formando corrientes que penetran desde el patio interior hacia el edificio.

A pesar del predominio de las líneas rectas y las divisiones rígidas, la vivienda no se abandona a la ilusión de simetría. Las formas se presentan llenas de vitalidad y dinamismo.

8 Casa Basi in S´Agaró, Girona (Spain)

By Francisco de la Guardia

In the design of this house, De la Guardia grouped the rooms required by the owners into four general areas, which are seen externally as four distinct volumes. The first of these houses the main and guest bedrooms, communal rooms and related facilities. The second area is composed of the children´s rooms, and a living room which can be reached directly from their bedrooms, together with other facilities, such as a gym, billiard room, jacuzzi, wine cellar, etc.. The third building includes quarters for domestic and gardening help, the garage and access to utility rooms. The fourth area is an unusual building housing the covered swimming pool. This construction has been painstakingly designed as the connection point between the first and second areas, and also had to be adapted to the contours of the terrain.

In order to reduce the apparent volume of the whole ensemble, which

Located in the village of S´Agaró, Girona, in the heart of the Catalan Costa Brava, Basi House is situated on a steeply sloping site split by a pronounced rock fissure. The physical characteristics of the site were, therefore, determining factors in the planning of the house.

La casa Basi, situada en la localidad de S´Agaró en plena Costa Brava de la provincia catalana de Girona (España), se encuentra ubicada sobre un terreno con gran desnivel. Las características de emplazamiento fueron, pues, determinantes para la concepción de esta vivienda.

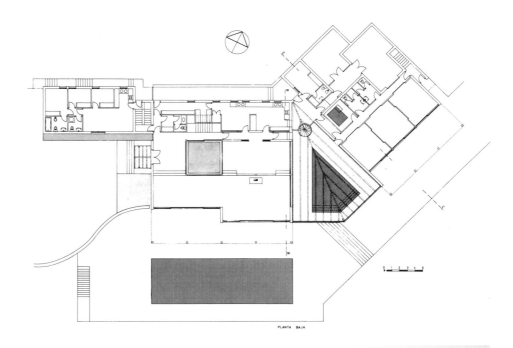

PLANTA BAJA

De la Guardia has taken great pains throughout the house in designing the connections between the interior and exterior spaces. He has maintained continuity, particularly noticeable on the ground floor, where porches and terraces are situated at garden level, and on the first floor, with its spaceous terraces.

La comunicación de los espacios interiores y los exteriores se manifiesta en la planta baja con los porches y las terrazas situadas a nivel de jardín y, en el primer piso, con los amplios terrados.

might have been overpowering bearing in mind the comprehensive nature of the specifications, the top floor of each section has been built into the slant of the roof. In general, activities have been confined to the ground floor, where there are also large outdoors areas, such as the porch, which is at garden level, and the outdoor pool. The first floor houses the bedrooms, which all have access to large terraces facing south and east, and which provide a series of panoramic views. A spiral staircase connects the bedrooms with the covered pool. The pool is surrounded by wooden flooring designed for easy drainage.

The roof of this construction is made of glass and is supported by an internal wooden structure formed by a series of open angles inserted one on top of another and divided by a central axis.

El techo de este bloque es de cristal, con una estructura de madera interior que dibuja en él una serie de ángulos abiertos insertados unos en otros y divididos por un eje central.

The design of the swimming pool echoes the same geometrical shape used in the roof: two right-angled triangles joined at the hypotenuse.

La piscina reproduce la forma geométrica que se configura en la cubierta: dos triángulos rectángulos unidos por su hipotenusa.

A few pieces of antique furniture set against the modern design of the rest of the ensemble lend a touch of originality.

Diferentes piezas de mobiliario con reminiscencias del pasado dan un contrapunto de originalidad al conjunto, que mantiene una línea de diseño muy actual.

El arquitecto barcelonés agrupó el programa de necesidades solicitado por los propietarios en cuatro zonas que se traducen al exterior en otros tantos cuerpos del edificio. El primero acoge las estancias destinadas a los dormitorios principales, los de invitados, áreas de relación (salones y comedor) y sus servicios correspondientes. El segundo volumen engloba las habitaciones de los más jóvenes, con un estar al que se puede acceder desde los tres dormitorios de los hijos, y otros programas secundarios como gimnasio, billar, jacuzzi, bodega, etc. Otro de los cuerpos está destinado a la vivienda de masoveros, garaje y accesos de servicios. El cuarto y último bloque es una construcción singular donde De la Guardia ha ubicado la piscina cubierta. Se trata de un contenedor que el arquitecto ha tratado de

cuidar al máximo en su finalización, ya que se constituye como nexo de unión entre el primer y el segundo volumen, adaptándose, al mismo tiempo, al movimiento del terreno.

Para evitar una volumetría excesiva en el conjunto de la edificación, dada la amplitud del programa de necesidades de la casa, el piso superior ha quedado, en todos los casos, incorporado a la inclinación de la cubierta. En general, se ha dispuesto todo el programa de actividad en la planta baja, donde también se han agregado grandes espacios abiertos como el porche a nivel del jardín y la piscina exterior. El piso superior acoge los dormitorios, todos con acceso a grandes terrazas orientadas al este y al sur desde las cuales se disfruta de una bella panorámica.

The living room is divided into two different areas, one of which has a fireplace. The adjoining area on the opposite side is smaller; a round glass table marks the transition between the two zones.

El salón se divide en dos áreas diferenciadas: la primera, presidida por la chimenea; la segunda, de más reducidas dimensiones, se encuentra en el lado opuesto separada por una mesa redonda de vidrio, elemento de transición entre las dos zonas.

9 Single-Family Dwelling in Sardinia (Italy)

By Alberto Ponis

A road to the northwest leads to the garage, located on the upper part of the site, some distance from the main building. A narrow mountain path, serpentine and almost invisible, winds down through a shrubbery of strawberry trees to the house. A short flight of steps leads up to a series of patios laid out on the hillside. The small entrance courtyard, a shady corner enjoying a view of the sea, is protected by a pergola. The kitchen-dining room opens onto this courtyard as well as onto a

second, very sunny terrace, half-hidden among the rocks where the natural grass surface has been retained.

The first of these patios frames the entrance to the building. The social rooms open off one side of the small hall: a large living room opening onto a spacious exterior terrace, and the kitchen-dining room. The other end of the house is a night-time area housing the master bedroom, which opens onto a wooden-floored solarium, and on the north side, beside the shrubbery of

This house is located in Sardinia, one of the main western Mediterranean islands. The site is strewn with huge granite rocks which have been broken and weathered into varied and curious plastic forms.

Esta vivienda unifamiliar se encuentra emplazada en Cerdeña, una de las grandes islas del Mediterráneo occidental; construida entre rocas de granito que adoptan formas plásticas variadas y curiosas.

The walls are made of concrete blocks. The exterior surface is rough and the interior smooth. The unusual texture and soft pink colour of the walls reflect the variety of clays in the area, making them almost invisible, creating almost perfect privacy.

La estructura de los muros está hecha con bloques de hormigón que presentan una superficie rugosa en el exterior y lisa en el interior. Esta textura singular, conjuntamente con el tono rosa suave, refleja la gama de las tierras de la región y hacen la vivienda casi invisible.

strawberry trees, a guest suite, which enjoys a degree of independence since it has its own entrance. There is also a sort of grotto formed by a series of immense, rounded boulders, and a secret passage leading to a lookout point, commanding splendid views.

Whether seen from land or sea, this rustic house by Alberto Ponis, far from being intrusive, is in perfect harmony with its surroundings. The fact that all the paths leading to the house have been designed to look like jungle paths adds to this special sensation of serenity, consummating the almost perfect fusion between the house and the hillside where it is concealed.

All the outdoor areas around the house, including the grottos and the invisible path connecting the rocky nooks and brushwood clearings, constitute a second dwelling space; an alternative house. These private, reserved corners are used for diverse activities, expanding the habitable area of the dwelling and enriching the open-air living. All of these features greatly *enrich the relationship between the occupants and their immediate surroundings, since the exterior is as inhabited and frequented as the interior, eliminating any sort of abrupt barrier between the two areas.*

The building appears to be leaning outwards to the sea, projected towards the marine horizon by the terraces and the lookout point. All of the rooms open onto this southern orientation, flooding the interior with light and colour. As a protective measure against the possible excesses of the climate, all of the windows and doors are protected inside with curtains and outside by shutters. The house also has a cooler, shaded patio where the always pleasant sea breeze can be enjoyed in peace. An unusual pergola made of tree trunks arranged radially like an open fan shelters and defines this space, distinguishing it from other

Its privileged position means the inhabitants can enjoy beautiful views of the coastline and the islands of Maddalena and Caprera, seen below the house.

Su posición privilegiada le permite disfrutar de unas hermosas vistas sobre la línea de la costa y sobre las islas de Maddalena y Caprera que aparecen justo debajo de la construcción.

outdoor corners where the heat is more asphyxiating. Projecting roofs and covered terraces complete this protective system.

The walls are made of concrete blocks. The exterior surface is rough and the interior smooth. The unusual texture and soft pink colour of the walls reflect the variety of clays in the area, making them almost invisible, creating almost perfect privacy.

The simple lines and rustic, modest appearance of this house by Alberto Ponis define its character; subordination to the dominance of the force of the surrounding nature. Defined to the greatest possible extent by the wild maritime setting which serves as protector, nucleus and nexus of connection, this haven is an audacious refuge hidden behind the savage beauty of its setting.

Una carretera, en la orientación noroeste, conduce hasta el garaje situado en la parte superior del terreno, a bastante distancia de la edificación propiamente dicha. Desde aquí, un sendero de montaña estrecho, serpenteante y prácticamente invisible,

NEGRO

que atraviesa un bosquecillo de madroños, conduce a ella. Unas escalinatas se abren a una sucesión de patios que se distribuyen por la ladera de la colina: la plazoleta de entrada, un rincón sombreado gracias a una pérgola y con vistas al mar, que da a la cocina-comedor, otro bajo el sol, y uno más, en el que se ha conservado su suelo de hierba natural, semiescondido entre las rocas.

Entre éstos, el primero marca el ingreso a la vivienda. A un lado del pequeño vestíbulo se distribuyen los habitáculos de relación: la gran sala de estar, que dispone de una amplia terraza descubierta, y la cocina-comedor. En la otra parte de la casa se encuentra la zona de noche, con el dormitorio principal que da a una plataforma-solárium con suelos de madera y, en la orientación norte, lindando con el reducto de madroños, una suite pensada para los invitados que goza de cierta independencia, ya que posee una entrada propia. Existe, además, una especie de gruta que se extiende bajo una serie de cantos rodados inmensos, así como un pasaje secreto que conduce a un mirador desde el que se obtienen unas vistas fascinantes.

Esta residencia de aspecto rústico edificada por el arquitecto Alberto

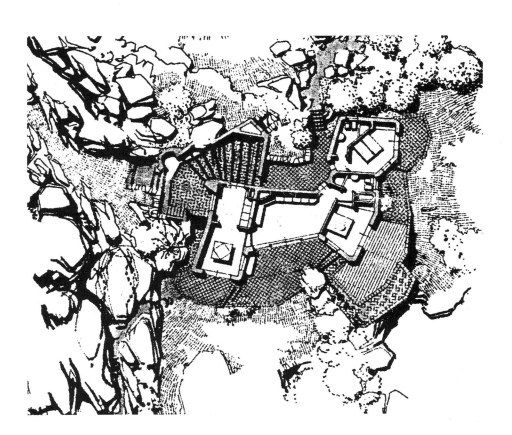

The ceiling, with its exposed wooden beams in the interior, is suspended in midair, displaying a framework which is visible both inside and out.

El techo, con las vigas de madera al descubierto en el interior, está suspendido en el aire y muestra un entramado que resulta visible tanto desde el interior como desde fuera.

Ponis, tanto vista desde tierra como desde el mar, lejos de aparecer como una intrusa, se muestra en perfecta consonancia con el ambiente que la circunda. El hecho de que todas las vías de comunicación hacia la casa hayan sido diseñadas con el fin de que parezcan senderos en la jungla crea una sensación de especial beatitud y culmina la fusión casi perfecta existente entre ésta y el entorno donde se esconde.

Todos los espacios externos que se desarrollan alrededor de la edificación, al unísono con las grutas y los senderos invisibles que los conectan entre superficies rocosas y matorrales, forman un segundo habitáculo a modo de casa alternativa. Este conjunto de rincones privados y reservados se destina a actividades diversas, de manera que las dimensiones de la vivienda se ven engrandecidas y la vida al aire libre enriquecida. Todo ello facilita en gran manera la relación entre el hombre y su entorno inmediato, ya que el exterior resulta tan habitado y frecuentado como el interior, borrándose cualquier tipo de frontera radical entre los dos ámbitos.

Esta construcción aparece volcada hacia el mar, proyectándose, a través de las terrazas y del mirador, hacia la misma línea del horizonte

marino. Todas y cada una de las estancias se abren a esta orientación meridional, lo cual permite la entrada de una gran cantidad de luz y color. Para evitar posibles excesos climáticos, todas las ventanas y puertas se protegen con cortinas interiores y persianas por la parte de fuera. La casa dispone, además, de un patio sombreado más fresco, en el que se puede disfrutar tranquilamente de la brisa marina siempre agradable; una original pérgola hecha de troncos, dispuestos de forma radial a modo de abanico abierto, es la que resguarda este espacio, distinguiéndolo de otros rincones externos más asfixiantes. Aleros y cubiertas culminan este sistema de protección.

La estructura de los muros está hecha con bloques de hormigón que presentan una superficie rugosa en el exterior y lisa en el interior. Esta textura singular, conjuntamente con el tono rosa suave, que refleja la gama de las tierras de la región, la hacen casi invisible.

The terra-cota tiles and the austerity of detail emphasise the sobriety of the room.

Las baldosas de terracota y la austeridad en los detalles subrayan la sobriedad de la pieza.

10 Cassandra-Chalkidiki House

By Ilias Papayannopoulos

Inspired by the religious constructions of these islands, the house in Chalkidiki is laid out around a central courtyard, with a chapel in the centre. The entrance to the house is indirect, by means of a small hallway formed by two stone walls. The first room one enters is a vaulted construction with stone benches, a fireplace and a quiet place for visitors to sit. From here one can enter the hall, the auxiliary rooms (kitchen, storeroom, basement, etc.), and the guest rooms, as well as the all-season swimming pool and the crafts workshop. Further back there is a tower, separated from the rest of the buildings in a quiet and peaceful setting.

A boathouse was built at sea level, complete with slipway, boathouse taking advantage of the natural slope of the land. The storeroom is beside a tavern and the dwelling´s wine cellars. These areas are a continuation of the sitting rooms on the first floor. There is also a jetty where the fishermen can mend their nets, and eat and drink in the adjacent tavern.

On the first floor, facing east, there are four bedrooms for the owner´s family. These rooms are connected to the rectangular winter living room, which in turn opens onto a large courtyard leading to the main sitting room, constructed on two levels. In this building the problems of light and ventilation have been solved by the

The Greek architect Ilias Papayannopoulos designed this house in Cassandra-Chalkidiki, in the historic Macedonian region of the Balkan peninsula.

El arquitecto de origen griego Ilias Papayannopoulos llevó a cabo esta actuación en Cassandra-Chalkidiki, en Macedonia, región histórica de la península balcánica.

clever use of various atria, which also serve as leisure areas providing a peaceful and relaxed atmosphere. The atria are uniform, regular spaces connecting the different groups of buildings, which are organised into more or less independent blocks.

The house is constructed on an iron frame. The principal construction material used for the division walls is ceramic or stone brick. Some of these walls are whitewashed. The main walls, also made of brick, have been sized and whitewashed.

From the outside, the house as a whole looks like a small village, made up of a wide variety of ornamental and constructive components, and not at all like a traditional single-family dwelling by the sea. In his design, Ilias Papayannopoulos has paid homage to the architectural typology of the Orthodox monasteries of the Greek islands.

Papayannopoulos designed an influential building, drawing his inspiration from the native morphology and style of the rich building tradition of the Greek islands.

Papayannopoulos llevó a cabo una importante actuación inspirada en la morfología y el estilo autóctono de la rica tradición constructiva de las islas griegas.

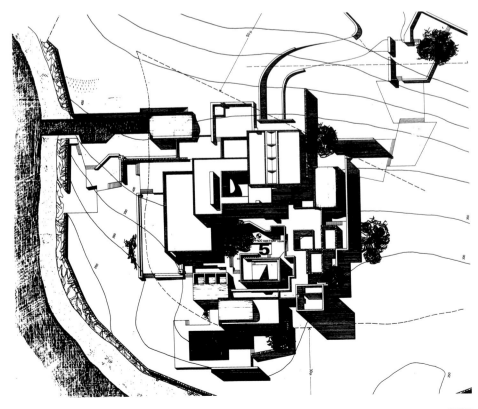

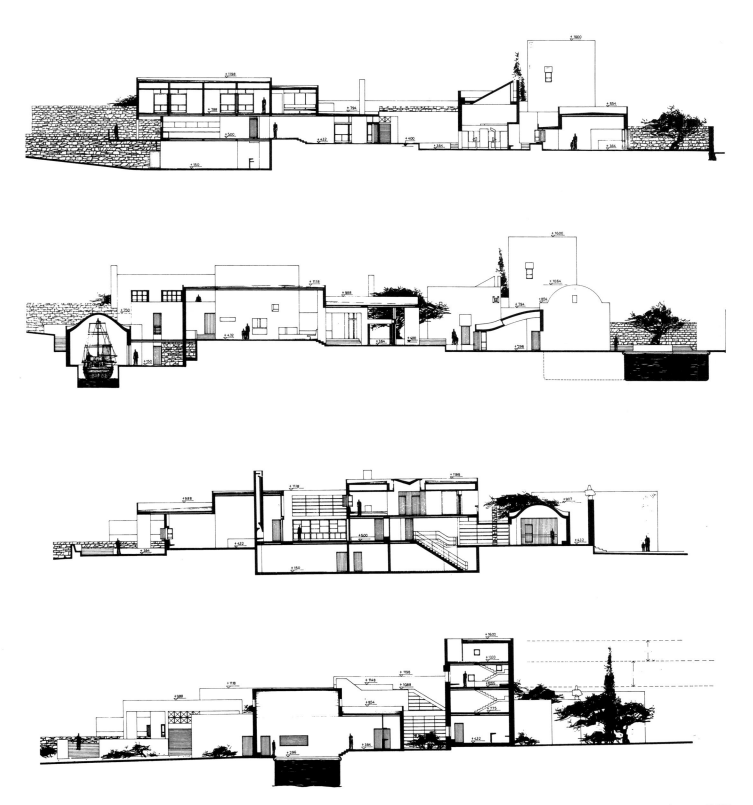

Inspirada en las construcciones religiosas de estas islas, esta casa en Chalkidiki se extiende alrededor de un patio central, con una capilla construida en el centro. La entrada a la residencia se efectúa indirectamente atravesando un pequeño zaguán delimitado por dos paredes de piedra. La primera estancia que se encuentra es una construcción abovedada, con bancos de piedra, chimenea y una tranquila sala de estar para invitados. Desde este espacio, se puede acceder al vestíbulo, a las habitaciones auxiliares (cocina, almacén, sótano, etc.) y a las estancias de los huéspedes, así como a la piscina cubierta, al taller de artesanía y, finalmente, a una torre aislada del resto de las dependencias, en una zona tranquila y silenciosa.

Al nivel del mar, se construyó el astillero y la salida de los barcos, aprovechando la inclinación que presentaba el terreno. El arsenal se ubicó junto a una taberna y la bodega de la casa. Estos espacios se presentan como continuidad de las salas de estar que se encuentran en la primera planta. Asimismo, existe un embarcadero, abierto al exterior, donde los pescadores pueden remendar sus redes, comer y beber, ya que la taberna se comunica también con esta zona.

En el primer piso, se ubicaron cuatro dormitorios, orientados hacia el este, para la familia de los propietarios. Estas estancias están conectadas con el salón de invierno, de estructura rectangular, que se abre, a su vez, a un gran atrio y hacia zonas de la sala de estar principal que presenta una doble altura. Los diferentes claustros resuelven en esta actuación el problema de la iluminación y la ventilación, además de configurarse como zonas de recreo inmersas en una atmósfera tranquila y relajada. Asimismo, se constituyen en áreas uniformes y regulares que interrelacionan las diferentes dependencias organizadas en cuerpos más o menos independientes.

El armazón del edificio está hecho de hierro. Los elementos de construcción son principalmente paredes de ladrillos de arcilla o de piedra, algunos de ellos blanqueados. Los muros, también de ladrillo, fueron cubiertos con plaste y encalados posteriormente.

La vivienda en su conjunto aparece desde el exterior como un pequeño pueblo, rodeado de una gran variedad de elementos constructivos y ornamentales diferentes de las tradicionales residencias frente al mar. En su diseño, Papayannopoulos rinde homenaje a la tipología arquitectónica de los monasterios ortodoxos de las islas griegas.

Both the interior and the exterior design follow the Mediterranean style and morphology, striving to draw nearer to the sea, and characterised by simplicity and the mastery of a configuration which creates open, light-filled spaces.

Tanto la arquitectura interior como la exterior adoptan el estilo y la morfología constructiva mediterránea, que busca el acercamiento al mar y se caracteriza por la sencillez y el dominio en su composición de los espacios abiertos y luminosos.

The house is located on the tropical island of Phuket, next to a peninsula going off towards Malaysia, on the crest of a hill, on rather uneven terrain covered with coconut trees, affording spectacular sea views.

La casa se encuentra ubicada en la isla tropical de Phuket, junto a la península que llega hasta Malasia, en la parte alta de una colina que presenta un marcado desnivel poblado por una plantación de cocoteros; desde ésta, se disfrutan unas vistas increíbles sobre el mar.

11 Single-Family Dwelling in Phuket (Thailand)

This enormous dwelling built on three levels, which follow the site´s natural slope, has a rectangular ground plan, out of which several differentiated units emerge around a central garden whose dominant feature is a swimming pool, also very large. On the other side is a building whose upper floor constitutes the guest area adjacent to the studio, providing access to an external terrace. On the other side are the lounge-dining room, the kitchen and all the service areas. The ground floor contains the bedrooms, bathrooms and dressing rooms. In this manner a clear distinction is made between the evening area and rooms in which family life is con- *centrated. The house also has a basement.*

The different functions of the spaces within the dwelling are clearly illustrated by the layout of the levels *and their particular characteristics. Whereas the upper levels appear to be completely open, due to the windows covering all the facades of the almost non-existent walls, fusing with the sur-*

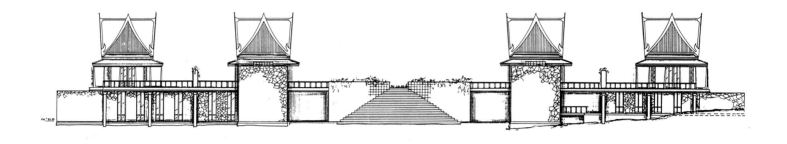

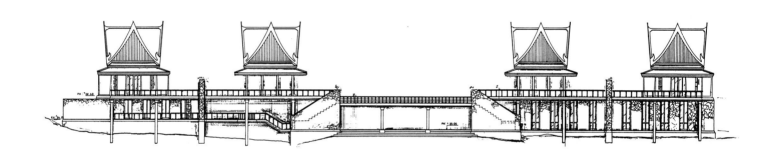

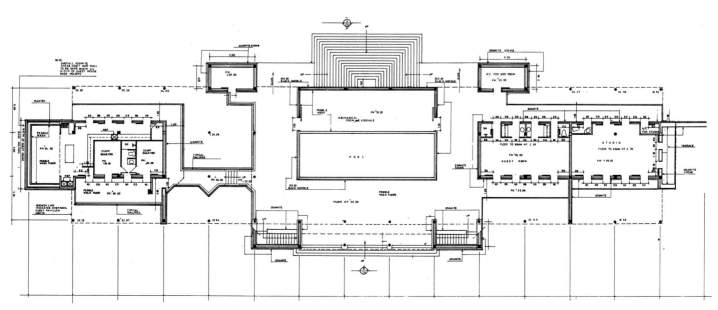

rounding landscape and the wealth of plant life which seems to invade the house, the ground floor has hardly any windows, thus guaranteeing privacy for the occupants. At the same time it solves the problem of excess heat peculiar to a tropical climate such as this, and protects the house from the torrential rains of the monsoon season and sporadic typhoons which leave a trail of devastation in their wake.

The construction materials used were all local, yet again illustrating the architect´s desire to fully integrate the property into the island setting. The basement walls are of reinforced concrete, whereas those on the ground

This enormous dwelling built on three levels, which follow the site´s natural slope, has a rectangular ground plan, out of which several differentiated units emerge around a central garden whose dominant feature is a swimming pool.

Esta enorme residencia, que presenta tres niveles que siguen la inclinación natural del solar, se extiende sobre una base rectangular en la que crecen distintos cuerpos diferenciados alrededor de un jardín central dominado por un estanque-piscina.

floor and upper levels are of granite and brick; the ceilings on the two lower levels were built from a combination of suspended wood and concrete which, on the top floor, was replaced by wood and plasterboard. Wood and ceramic tiles in the classical Ayutthaya style were used for the roof construction. The angle of inclination of the corners ranges between 30 and 60 degrees. The stairs were made of concrete with a pebble dash finish.

The pool, which is the dominant feature of the dwelling at the top of the house, is another extremely important feature.

El estanque, que domina la vivienda en su parte más elevada, constituye un elemento de gran importancia.

Delicate mosaics and statues of great cultural value can be found throughout the garden and the various pavilions.

Todo el jardín y los diferentes pabellones aparecen repletos de delicados mosaicos y estatuas de gran valor cultural.

Esta enorme residencia, que presenta tres niveles que siguen la inclinación natural del solar, se extiende sobre una base rectangular en la que crecen distintos cuerpos diferenciados alrededor de un jardín central dominado por un estanque-piscina, también de grandes dimensiones. A uno de los lados se encuentra un edificio, cuya planta superior está destinada a un espacio para los invitados, contiguo al estudio que tiene acceso a una terraza exterior. En el lado opuesto se desarrolla el salón-comedor, la cocina y todas las estancias destinadas al servicio.

El otro nivel, la planta baja, contiene los dormitorios con sus baños y vestuarios. Así se diferencian claramente la zona de noche de las dependencias destinadas a la vida familiar y de relación. La casa posee, además, un sótano.

Las distintas funciones de la vivienda quedan claramente ejemplificadas a través de la configuración de niveles y sus características propias. Mientras que la parte que se encuentra en la zona superior aparece totalmente abierta al exterior, gracias a ventanales y cristaleras que cubren toda la superficie de las paredes casi inexis-

236

tentes, fusionándose con el entorno inmediato y el esplendor de la vegetación que parece penetrar literalmente en el edificio, el piso inferior, en una cota inferior, no presenta apenas ventanas, garantizando la privacidad e intimidad de sus moradores. Se evita también de la misma manera un problema de exceso de calor, propio de un clima tropical como el del lugar, y se protege la mansión de las terribles lluvias torrenciales de los monzones y de los tifones.

Los materiales utilizados son naturales de la región, mostrando de nuevo un deseo de arraigarse en la isla. Las paredes del sótano son de hormigón armado, mientras que las de la

Teakwood was one of the fundamental materials used in the construction of this house. The doors are in glass and wood, while the floors of all the rooms use it in conjunction with granite, as do many of the interior walls. The architect designed the furniture himself.

En esta vivienda, la madera de teca, es uno de los materiales fundamentales: las puertas son de cristal y de madera, los suelos de todas las estancias lo combinan con el granito, al igual que muchas paredes internas. El propio arquitecto se encargó del diseño de los muebles.

planta baja y piso superior son de ladrillo y granito; los techos, por su parte, combinan la madera suspendida y el hormigón en los dos niveles más bajos y se sustituye por madera y un entablado de yeso en el superior. La construcción del tejado es de madera según el estilo clásico Ayutthaya, recubierto con tejas de cerámica. La inclinación de sus vertientes varía entre los 30 y los 60 grados. Las escaleras están hechas de hormigón, con guijarros de superficie lavada.